10평 작은 공간에서 이루는

# 기적의
# 경제적 자유

신선아 지음

미래지식

10평 작은 공간에서 이루는

# 기적의
# 경제적 자유

미래지식

# 차례

누구에게나 인생에서 세 번의 기회는 찾아온다는 말이 있다. 사람들은 이런 소리 소문 없이 찾아오는 소중한 기회를 꽉 움켜쥐어야 행복하고 성공적인 삶을 누릴 수 있다고 믿는다. 여기서 말하는 세 번의 기회는 그리스 신화에 나오는 '기회의 신' 이야기에서 시작되었다.

제우스의 아들 카이로스는 앞머리가 무성하지만 뒷머리는 없으며, 양어깨와 양발 뒤꿈치에 날개가 달려 있다. 또, 손에는 각각 저울과 칼을 들고 있다. 그가 바로 '기회의 신'이다. 이처럼 앞머리가 무성하니 다가오는 기회를 꽉 움켜쥘 수는 있지만, 뒷머리는 없기 때문에 지나간 기회를 잡기는 불가능하다.

카이로스가 저울과 칼을 들고 있는 이유는 기회가 다가왔을 때 해야 할 행동을 의미한다. 저울과 같이 정확한 판단을 내리고, 칼과 같이 날카로운 결단을 행동에 옮기는 것, 그것이 기회를 만났을 때 해야 할 일이다. 하지만 우리는 자신에게 아직 기회가 오지 않았다고 생각하며, 성공한 사람들은 운 좋게 찾아온 기회를 잘 잡았다고 여긴다. 그러나 지금까지 살아오며 깨달은 진리 중 하나는 '기회'란 준비된 사람에게만 온다는 것이다. 다른 사람의 성공을 동경하면서도 스스로 아무런 준비를 하지 않고 시간을 보낸다면 달려가는 기회의 신의 민머리 뒤통수를 잡을 방법이 전혀 없어 매번 후회를 한다.

많은 사람이 자신에게 적절한 기회만 온다면 언제든지 그 기회를 잡아 성공할 수 있다고 믿는다. 하지만 기회를 잡지 못하는 가장 결정적인 이유는 기회를 잡을 준비가 되지 않았기 때문이다. 현재 자신이 보고 듣는 모든 것이 지금까지 알고 있는 것과 다를 수 있음을 깨닫지 못하기 때문에 기회를 볼 수도, 잡을 수도 없다.

이제 스스로에게 물어 보자. 당신은 성공을 꿈꾸면서 어떤 노력을 했는가? 성공에 관한 책을 얼마나 읽어 보았는가? 또한 가장 빨리 부자가 되는 방법을 알기 위해 부자를 만나보기 위해 노력해 본 적이 있는가?

성공의 기회는 스스로 노력하고 공부하며 실천을 통해 만들어 나가는 것이다. 그러나 이 사실을 모르는 사람들은 '언제면 기회의 신이 자신을 찾아올까' 하고 아무런 노력조차 하지 않은 채 현실에 갇혀 살아간다.

나 역시 정신없이 앞만 보고 살아온 나날들이 있었다. 열심히 살다보면 성공의 기회가 언젠가 올 것이라 믿으면서, 누구보다 열심히 살았고 잘살고 있다고 믿었다. 그러다가 어느 날 문득 길을 멈추고 뒤를 돌아보니 내가 이룬 것은 내 것이 아닌 누군가의 성공을 위한 뒷바라지일 뿐이었다. 부속품처럼 쓰이다가 낡고 쓸모없어지면 버려지는 인생을 열심히 따라가고 있었다. 그 사실을 깨달은 순간부터 이제는 나를 위한 삶을 살아야겠다는 생각이 들었다.

나는 어려서부터 성공을 위해 남들보다 좀 더 빨리 움직였다. 그러다 보니 대학교수라는 어린 시절의 꿈을 28세에 이룰 수 있었다. 하지만 정작 대학교수가 되고 나니 내가 진정 원하는 길은 경제적 자유와 동시에 시간도 여유롭게 쓸 수 있는 진짜 부자가 되는 것임을 깨달았다. 무엇보다 교수직은 명예는 얻을 수 있지만 부자가 되는 방법은 아니었다. 나는 다른 직업을 열심히 알아보기 시작했다. 그러면서 컴퓨터 자격증, CS 교육 자격증, 피부관리 자격증 등 새로운 분야를 끊임없고 공부하며 도전했다. 결국 뷰티 관련 프랜차이즈의 매니저 일을 시작으로 15년간 프랜차이즈 회사에서 일했다. 그리고 회사의 수많은 전국 가맹점을 돌아다니며 현장에서 직접 컨설팅을 해 주고 월 수익이 500만 원 이하인 매장들의 시스템을 새롭게 구축해 한 달 만에 월 수익 3,000만 원 이상으로 올려 주는 일을 도맡아 했다.

나는 회사를 다니면서 한 번도 회사가 정해준 연봉을 받은 적이 없다. 회사는 처음부터 내가 어떤 사람인지 알 수가 없다. 그래서 처음 3개월 수습 기간에는 회사가 정한 규정대로 급여를 받지만, 3개월 이후에는 급여를 협의하는 조건으로 입사를 한다. 그리고 3개월 동안 회사에서 가장 골치 아픈 문제들을 해결한다. 이후 내가 원하는 급여를 제시하면, 대부분 대표들은 고액 연봉을 지급하면서도 나와 함께 일하고 싶어 한다. 그래서 나는 항상 고액 연봉을 받으면서 일을 할 수 있었다. 하지만 직장에서 최고의 성과와 최고의 연봉을 받으려면 얼마나 치열한 삶을 살아야 하는지 해본 사람은 알 것이다. 회사는 절대로 그냥 돈을 주지 않는다. 돈을 주는 것만큼 책임감과 더 많은 업무를 요구한다.

당시에 나는 회사에서 성과를 내고 인정받기 위해 전국의 매장을 직접 돌며 교육도 하고 고객에게 보낼 문자 메시지까지 만들어서 지점에 전달했다. 또한, 매달 전국의 지점들에서 발생하는 컴플레인을 직접 해결하면서 현장을 뛰어다녔다. 개인 소유의 자동차와 경비로 말이다. 업무는 이게 끝이 아니다. 지점 방문 업무가 끝나면 회사로 복귀해서 하루 동안 진행했던 컨설팅 보고서를 작성한다. 프랜차이즈 본사는 물건을 파는 곳이 아니기 때문에 추후에 분쟁이 생길 수 있는 부분을 대비해 모든 상담 및 업무 진행 사항을 보고서로 남긴다. 이렇게 하루의 업무를 마치면 평균 새벽 2시가 훌쩍 넘는다. 전국의 매장을 매일 3곳 정도 방문하려면 하루 4시간만 자고 수백 킬로미터씩 운전하는 것은 기본이다. 이렇게 몸을 사리지 않고 일하니 성과가 좋을 수밖에 없고, 회사도 연봉을 많이 지급해도 아깝지 않게 생각한다. 이렇게 열심히 일에만 집중하며 살던 중 어느 날 내 삶에 대해 깊이 생각해보게 되었다.

'과연 지금 이 길이 내가 원하는 길이 맞는가?'

나는 이 질문에 스스로 답할 수 없었다. 잠시 일을 쉬어야 겠다는 생각이 들었다. 그리고 내 삶을 돌아보았다. 그동안 회사에서 인정도 받고 이사로 근무하면서 연봉도 만족할 만큼 받고 있어서 일하는 동안에는 아쉬움이 없었다. 그런데 대표의 삶과 나의 삶을 비교해보았다. 회사 대표 부부는 청담동에 있는 유명한 억대 멤버십 센터에서 운동과 사우나 그리고 마사지를 받고 늦게 출근을 한다. 그러나 회사 전체 업무를 맡고 있던 나는 아침 일찍 일어나 전국을 돌아다니며 매출 관리, 직원 파견, 오픈 매장 지원, 프로그램 개발 등 모든 업무를 처리했다. 고작 연봉 1억 원에 나의 인생 절반을 회사에 바쳤다. 하지만 나에게 남은 것은 서울에 있는 30평대 아파트 전세금과 회사 임원이라는 타이틀이 전부였다.

만약 아이라도 태어나면 전처럼 일하기도 힘들 텐데, 과연 그 전처럼 살 수 있을지 자신이 없었다. 아이를 낳은 후에도 바로 회사로 복귀하고 전처럼 회사에서 남은 인생을 보낼 것인가 아니면 이제라도 나의 사업을 시작해야 할까 하는 고민이 시작되었다.

직장에서 억대 연봉을 받는다고 해도 세금을 공제하고 나면 실 수령액이 1년에 8,000만 원 정도다. 하지만 품위 유지비와 주거비, 아이들 학원비 그리고 차량 유지비 등 직급에 맞는 수준의 삶을 유지하기 때문에 월급은 늘 부족하다. 결국 높은 연봉을 받아도 경비와 생활비를 충당하면 한 달에 모을 수 있는 돈은 거의 없다. 그러니 고소득자라고 해도 서울에 집 한 채를 마련하기가 쉽지 않다.

그런데 사업을 시작해서 3개월 안에 월 1,000만 원 이상의 소득을 벌며, 하루에 2시간만 일할 수 있다면 가족들을 돌보면서 하고 싶은 일도 하는 삶을 살 수 있을 것 같았다. 생각이 여기까지 미치니 더 이상 직장에 다니는 것은 의미가 없었다. 더 이상 회사의 부속품으로 살고 싶지는 않았다. 그렇게 사업을 시작한 나는 지금 전에는 꿈꾸지 못한 많은 것을 누리며 살고 있다. 그리고 현재 손 하나 까딱하지 않아도 연간 최소 10억 원씩 돈이 불어나고 있다. 여행만 하고 살아도, 아무 일도 하지 않아도 된다. 사람들은 이를 경제적 자유라고 표현하고 부의 추월차선을 탔다고도 표현한다. 나는 무엇보다 시간적인 자유를 얻었음에 더욱 만족감을 느낀다. 세상에는 대단한 부자들이 많다. 그러나 시간적으로 자유로운 사람은 얼마나 될까?

돈이란 내가 하고 싶은 일을 원하는 때 할 수 있는 기회를 제공하는 도구이다. 그러니 원하는 일을 자유롭게 하고 싶다면 제일 먼저 금전적인 자유를 이루어야 한다. 그리고 원할 때 쉴 수 있는 시간적 자유도 필요하다. 이 책에는 부자들이 절대로 가르쳐 주지 않는 노동이 아닌 시스템을 이용해 돈을 버는 실질적인 방법을 자세히 다루었다. 실제로 내 주변 사람들에게 이 방법을 알려 주니 평범한 사람들도 경제적, 시간적 자유를 얻을 수 있었다.

지금부터 그 어디서도 들어보지 못한 '무인 연쇄 창업 시스템'에 대해 소개한다.  즉, 짧은 기간 동안 3개의 매장을 준비해서 3년 안에 10억 원을 벌 수 있는 현실적인 방법에 대해 이야기이다.

세계적으로 성공한 사람들은 모두 같은 말을 한다. 먼저, 세계적인 부자 워런 버핏은 "잠자는 동안에도 돈이 들어오는 방법을 찾지 못하면, 당신은 죽을 때까지 일을 해야만 한다."라고 말했다. 또, 메리츠증권 한국 대표인 존 리는 방송에서 "부자는 스스로 돈으로부터 독립하는 것이고, 내가 일을 하지 않아도 현재의 라이프 스타일을 유지하는 것이 부자다."라고 말했다. 이들의 이야기를 듣다 보면 모두 같은 말을 한다는 것을 알 수 있다. 바로 '자신이 일하지 않는 순간에도 돈이 들어오게 만들어야 한다'라는 것이다.

뭔가 엄청난 비결을 듣고 싶었던 사람에게는 다소 식상한 답일 수도 있지만, 지금부터 펼쳐질 이야기는 당신이 지금까지 생각해 온 법칙을 모두 깨뜨리고, 새로운 인생의 터닝 포인트를 맞이하게 할 것이다.

인생을 잘사는 방법은 어렵지 않다. 그저 성공할 수 있는 법칙을 알아내어 그대로 따라 하기만 하면 된다. 성공 법칙은 생각보다 간단하고 단순하다. 단지, 진짜로 믿고 실행한 사람들은 깨달음을 얻을 뿐이다. 그동안 우리가 몰라서 못 하는 게 아니라 도전하지 않아서 못 하는 것임을 말이다.

"내가 혼자 한 일에 대한 100%의 대가를
받는 것보다 100명이 일한 것의 1%를 받는 것이
훨씬 더 현명하게 돈 버는 방법이다."

- 진 폴 게티

# Chapter 1

# 장사와
# 사업의 이해

## 노동 소득과 시스템 소득의 차이

공부를 잘하는 친구들은 공부가 제일 쉽다고 말하고, 부자는 돈 버는 것이 가장 쉽다고 말한다. 한 달에 200만 원 버는 사람과 1억 원을 버는 사람 중 누가 더 힘들게 돈을 벌까? 대부분은 돈을 많이 벌수록 덜 힘들게 일한다. 그러나 많은 사람은 '200만 원 버는 것도 힘든데 1억을 어떻게 벌어?' 하고 생각한다. 그래서 돈을 많이 버는 방법을 생각조차 해보지 않는다.

이처럼 부자와 가난한 사람들의 가장 큰 차이는 바로 생각이다. 가난한 사람은 처음부터 자신이 할 수 있는 일을 찾아 돈을 벌려고 한다. 그래서 자격증을 따고 기술을 익혀 직업을 찾는다. 하지만 내가 할 수 있는 일은 남들도 다 할 수 있지 않은가? 누구나 조금만 노

16

력하면 할 수 있는 일에는 사람들이 많이 몰린다. 그래서 월 200만 원에서 월 500만 원 버는 일들이 가장 경쟁이 치열하다. 그러나 부자들은 자신이 할 수 있는 일을 찾는 것이 아니라 요즘 사람들의 관심이 어디에 있는지를 먼저 파악한다. 그리고 아이템이 정해지면 그 일을 가장 잘할 수 있는 사람들을 고용한다. 그렇게 적게 일하고 많이 벌어서 또 다른 사업을 알아보고 투자한다. 그들은 돈을 벌기 위해 자격증을 따거나 경험을 쌓는 데 시간을 투자하지 않는다. 자신의 노동을 파는 것이 아닌 사업을 통해 돈을 불리는 방법을 알기 때문이다. 이처럼 돈 버는 원리만 깨달으면 어떤 사업을 시작하던 성공할 수밖에 없다. 다음 사례를 살펴보자.

40대 가장 A씨는 직장을 다니다가 그만두고 취업이 되지 않아 장사를 시작했다. 기술도 없고, 장사는 해 본 적도 없어서 어떤 아이템을 시작해야 할지 막막했고 가게를 얻을 자본도 없었다. 그는 길을 걷다가 길거리에서 트럭에 그릇을 펼쳐 놓고 파는 것을 보았다.

한참을 지켜보니 지나가던 아주머니들이 많이 모여서 구경하고 그릇을 사 가는 것이었다. A씨는 그 길로 그릇 장사를 시작했다. 그러나 장사를 처음 하는 A씨는 아무리 트럭에 그릇을 진열해 두어도 좀처럼 팔리지 않았다. 이러다가는 가족들을 모두 굶길지도 모른다는 생각에 그는 고민하고 또 고민하기 시작하였다. 어느 날 그는 횡단

보도에 트럭을 세워 두고 그릇을 구경하는 한 아주머니에게 물었다.

"그릇이 마음에 드세요?"

"네, 예쁘긴 하네요."

A씨는 바로 아주머니에게 예쁜 그릇을 공짜로 받을 수 있는 방법이 있다고 설명했다. 그런 후 아주머니에게 혹시 근처에 사시면 댁에 친구 분들을 모아 달라고 했다. 친구들이 그릇을 안 사도 괜찮으니 사람을 모아만 주면 이 그릇을 공짜로 주겠다고 말하자 아주머니는 흔쾌히 승낙하였다. 그렇게 한 아주머니의 소개로 그 집에서 예쁜 그릇을 구경시켜 주니 그릇이 하나둘 팔리기 시작하였다. 그렇게 소개는 소개로 이어졌고, 장사는 점차 잘 되어 A씨는 가게를 얻을 돈을 마련할 수 있었다.

그는 이것으로 가게를 하나 얻어서 장사를 시작해 보아도 동네 사람들에게만 팔면 많은 그릇을 팔 수 없다는 생각을 했다. 그는 전국에서 그릇을 팔아야겠다고 다짐했다. 그래서 그는 사무실을 얻어 자신처럼 돈이 없고, 장사를 처음 시작하는 사람들을 모아 교육을 하고 그들에게 그릇을 싸게 주면서 판매를 시작하였다. 그러자 판매하겠다는 사람들이 점점 모여들기 시작했다. 그는 공급 원가를 더 낮추기 위해 공장을 지어 그릇을 직접 만들어 판매하기 시작하였다. 그렇게 그는 전국에 총판, 대리점, 도매점, 소매점을 만들어 판매하는 그릇 브랜드 사장이 되었다. 이것이 바로 사업의 원리이고 프랜차이즈 시스템이다.

지금 당장 나의 노동과 시간을 투자해서 돈을 버는 데 한계가 있는 것이 노동 소득이고, 당장 돈이 되지 않더라도 시스템을 구축하기 위해 시간과 노력을 투자해서 이후에 노동을 하지 않고도 큰돈을 벌 수 있는 것이 시스템 소득이다.

앞에서 언급한 사례처럼 대부분 사람들은 처음에는 적은 돈으로 노점부터 시작하다가 돈을 벌면 가게를 얻어서 장사를 한다. 그중 더 큰돈을 번 몇 명은 가게를 확장하거나 도매점을 운영할 것이다. 하지만 그 역시 매일 출근하고 퇴근하면서 주어진 시간 안에서 돈을 번다.

그런데 A씨는 똑같이 노점으로 시작했지만, 돈을 벌어 가게를 차리지 않고 사무실을 차렸다. 그는 사람들을 모으고 그 사람들에게 본인처럼 돈 버는 방법을 가르쳐 주었다. 그렇게 10명의 사람들에게 교육을 해 주고 물건도 싸게 공급해 주었다.

얼마 후에는 자신의 물건을 파는 사람들이 점차 많아졌고, 사람들에게 총판권을 주어 나중에 그들도 자신처럼 사람을 모아 똑같이 물건을 파는 방법을 알려 주었다. 그러자 자신의 그릇을 파는 사람들이 100명이 되었다. 물건을 계속 공급하다 보니 납품을 받아서 제공하는 것보다 직접 제조해서 납품하는 게 훨씬 경제력이 있다는 걸 알게 되었다. 결국 그는 그릇 사업으로 큰돈을 벌게 되었고, 일을 하지 않아도 회사는 잘 돌아가게 되었다.

이 이야기를 보면 같은 환경에서 똑같은 일을 하더라도 어떤 목표와 생각을 가지고 일을 하느냐에 따라 3~5년 후에는 엄청난 차이가 벌어짐을 알 수 있다. 그렇다면 당신이 창업을 시작할 때 노동 소득에 만족할 것인지, 시스템 소득을 만들어 사업을 할 것인지 명확히 고민한 후 시작한다면 생각에 따라 아이템을 선정하는 기준부터 많은 것이 바뀔 것이다. 사업을 시작하는 지점이 다르기 때문에 반드시 다른 결과를 얻을 수 있다.

## 🔍 명확하고 구체적인 목표 수입 세우기

사람들은 왜 창업을 하려고 할까? 소박하게는 '직장에 다니는 것보다 조금 더 벌어서 지금보다는 넉넉히 살고 싶어서' 창업하는 사람들도 있겠지만, 대부분은 경제적, 시간적 자유를 누리기 위해 힘든 창업 시장에 뛰어든다. 하지만 창업을 통해 부자가 되고 싶다면 부자가 되는 돈의 원리와 사업의 법칙을 알아야 한다. 지금부터 부자가 되려면 반드시 알아야 하는 원리와 법칙에 대해 알아보자.

농부가 농사를 짓기 위해서 가장 먼저 하는 고민은 바로 '얼마나 수확할 것인가'이다. 농부가 콩을 10자루 얻고, 쌀을 20가마 얻겠다고 마음먹었다면, 먼저 콩 10자루를 얻을 땅이 얼마나 필요한지, 씨앗을 얼마나 준비할지 등을 구체적으로 계획한 후 농사를 지을 것이다. 그런데 농부가 단순히 '콩을 많이 수확하고 싶다, 쌀도 많이 얻을 수록 좋다'라고만 생각한다면 그 농부는 땅이 얼마나 필요한지, 씨앗을 얼마나 준비해야 하는지 알 수 없으니 농사는 시작도 못할 것이다. 마찬가지로 사업을 준비하기에 앞서 가장 먼저 해야 할 일은 명확하고 구체적인 수입에 대한 목표를 세우는 일이다.

예를 들어 월 소득 1,000만 원을 목표로 하는지, 월 소득 1억 원을 목표로 하는지에 따라 같은 아이템이라도 사업하는 방식은 완전히 달라진다. 가령 판매하고 싶은 아이템이 양말이라고 해 보자. 원가가 500원인 양말을 팔아서 월 1,000만 원의 수익을 얻으려면, 한 달에 2,000만 원의 매출을 올려야 한다. 그러면 한 달에 20일 동안 일을 한다면 하루에 100만 원씩 팔면 된다. 또는 한 달에 25일 동안 일을 한다면 하루에 80만 원을 벌면 된다. 이렇게 매일 80만 원을 목표로 일한다면, 한 달에 1,000만 원을 벌 가능성이 있다. 차량 경비, 식비 등 100만 원 정도 지출하고 나면, 월 소득 900만 원은 번다. 물론, 양말을 매일 80만 원어치 파는 것이 가능할지 의문이 들겠지만,

어떻게 판매하는지에 따라 충분히 가능하다. 그렇다면 양말을 팔아서 월 1억 원을 버는 게 가능할까? 물론 가능하다. 1억 원의 매출을 올리려면, 하루에 80만 원씩 25일간 일할 수 있는 사람들 10명을 모아서 일을 시키거나 아니면 제조업이나 도소매업으로 창업해서 양말을 매달 200만 원 이상 구매할 사람들 50명에게 판매하면 된다.

이처럼 벌고 싶은 소득 기준을 정하면 어떤 방식으로 장사를 해야 할지 구체적인 계획이 세워지고 원하는 매출을 올릴 가능성이 높아진다. 그래서 자신이 원하는 목표를 세우는 것은 아주 중요하다.

다시 농부의 이야기로 돌아가서, 농사를 짓기 위한 준비가 다 되었다면, 이제는 밭을 갈고 씨앗을 심는다. 여기까지는 누구나 동일하다. 그러나 농사에서 실패와 성공을 결정하는 것은 바로 관리이다. 농사는 365일 중 300일은 일을 하고 65일은 수확해서 돈을 번다. 그러니 300일을 어떻게 관리하느냐에 따라 수확량이 결정된다. 매일 같은 시간에 밭에 나가 세심한 부분을 관리하는 농사꾼과 어쩌다 한 번 나가서 관리하는 농사꾼 중 누가 더 많은 수확을 얻을 수 있을지는 불 보듯 뻔하다.

몇몇 사람들은 창업을 하거나 사업을 하면 쉽게 돈을 벌 수 있다고 생각하거나 사업을 시작하자마자 큰돈을 바로 벌 수 있다고 생각한다. 하지만 바로 돈이 벌리는 일은 큰돈을 벌기 어렵다. 그러니 진짜 큰돈을 벌려면 그만큼 노력과 시간을 투자해야 한다. 대박 가게들도 처음부터 장사가 잘 되는 가게는 없다. 최소 1년은 고객들을 모으고 단골을 확보하는데 시간과 노력을 아낌없이 투자한다. 처음 10명의 단골을 만들기는 어렵지만, 한 사람 한 사람 모일 때마다 방법을 알게 된다. 그러다가 일일 방문객 50명이 넘으면, 그 이후부터는 사람이 사람을 모으는 속도가 빨라져 어느 순간 하루 1,000명이 방문하는 가게가 된다. 방문하는 고객들이 많아지면 저절로 고객이 늘어난다. 세상에서 가장 강력한 홍보 마케팅은 바로 바이럴 마케팅(입소문)이다. 요즘은 블로그, 유튜브, 인스타그램, 페이스북 등 SNS를 통해서 고객이 알아서 홍보해 준다. 그러니 많은 광고비가 필요 없는, 고객들이 자발적으로 해 주는 무료 마케팅을 잘 활용한다면 대박 가게가 되는 속도는 더 빨라질 것이다.

농사꾼은 해마다 똑같은 일을 하루도 빠짐없이 꾸준히 한다. 만약 일하기가 싫어서 혹은 몸이 아파서 며칠을 쉰다면 농사는 어떻게 될까? 제때 약을 주지 못해서, 제때 수확하지 못해서 1년 농사를 망칠 수 있다. 매일 예측하지 않은 새로운 일이 일어날 수 있는 농사일은 부지런함이 생명이기 때문에 하루도 쉴 수가 없다. 그렇게 시기마다 해야 할 일들을 성실히 해 나가면 반드시 원하는 것을 얻을 수 있다. 이처럼 무언가를 이루기 위해 꾸준히 하는 노력, 즉 기본이 얼마나 중요한지 부자들은 잘 알고 있다. 시간을 가장 중요하게 생각하는 부자들은 그래서 시간을 아끼며 잘 될 때나 안 될 때나 항상 미래를 준비한다.

#창업 고수 시크릿 노트

**부자들만 아는 장사의 원리**

첫째, 얻고자 하는 수입 목표를 먼저 세워라.

둘째, 사람이 모일 때까지 돈이 되지 않는다.

일 년에 300일을 노력하고 65일 수확한다.

셋째, 임계점에 도달할 때까지는 꾸준히 기본에 충실한다.

장사를 할 때도 처음에는 고객 한 사람 한 사람 진정성 있게 관리하다가 고객이 조금만 많아지면 금세 소홀해진다. 그만큼 인력도 부족하고 고객이 늘면 어떻게 하겠다는 준비가 되지 않은 상태이기 때문이다. 그러면 시간이 지나면서 고객은 서서히 줄어들게 된다. 고객은 한 번의 실수도 봐주지 않는다. 예전에 자주 가던 고깃집이 있었다. 주문을 받으러 온 직원이 그날은 기본인 A세트를 판매하지 않고 비싼 B세트 메뉴만 주문이 가능하다고 했다. 그래서 할 수 없이 비싼 B세트를 시켰다. 그런데 잠시 후 추가 주문으로 A세트를 시키니 가져다주었다. 그날 장사가 잘 되자 비싼 것만 팔겠다고 생각한 사장의 꼼수를 알고 난 후 다시는 그 집을 찾지 않았다. 이런 주인의 꼼수는 고객에게 금방 들통이 난다. 이런 일을 겪은 고객은 온라인에 안 좋은 후기를 남기기 마련이고, 그 일은 수백 명의 사람들에게 전달된다. 한 명의 고객이 250명 이상에게 영향을 준다는 사실을 절대 잊어서는 안 된다. 입소문이란 사람을 모을 때도 영향을 미치지만, 부정적인 영향을 미칠 때는 그 속도가 두 배 이상 빠르다고 한다. 그러니 쉬운 길은 없다고 생각하고 어떤 유혹에도 타협하지 말자. 기본에 충실한 것이 가장 빨리 성공하는 지름길이다.

## 🔍 큰 힘을 가진 연금식 소득

이제 돈의 원리를 알았다면 스스로 돈을 얼마나 이해하고 있는지도 점검해 보자. 가령 죽을 때까지 매달 받는 500만 원과 목돈 5억 원 중에서 당신은 어떤 것을 선택할 것인가? 생각보다 많은 사람이 목돈 5억 원을 선택한다. 급하게 빌린 돈을 갚아야 할 수도 있고, 어딘가에 투자하고 싶을 수도 있다. 하지만 매달 받는 500만 원과 목돈 5

억 원의 가치는 누가 어떻게 쓰느냐에 따라 완전히 달라진다. 물론 당신이 5억 원의 종자돈으로 30억 원 이상 불릴 수 있는 능력이 있다면, 5억 원을 선택하는 게 맞다. 그렇게 된다면 건물을 매입하거나 다른 곳에 투자하는 등의 방법으로 매달 1,000만 원 이상의 수익을 올릴 수도 있다. 그러나 평범한 사람들은 5억 원으로 생각보다 할 수 있는 게 많이 없다. 서울에 집 한 채 마련하기도 어려운 금액이니, 경기도 외곽에 집 한 채를 겨우 살 수 있겠다. 그러나 월 500만 원을 선택한 사람의 현재 나이가 40세라고 가정한다면, 월 500만 원×12개월로 매년 6,000만 원을 받는다. 그리고 10년이면 6억 원 그리고 앞으로 100세까지 산다고 가정하면 약 60년을 받기 때문에 36억 원을 받는다. 그뿐만이 아니다. 이 500만 원은 건물 임대 소득으로 환산했을 때 약 20억 원 가치의 건물을 소유한 사람과 똑같은 소득을 받는 것이다. 그러니 매달 500만 원을 선택하면 20억의 자산가와 같은 소득이 된다.

또 다른 예를 들어 보자. 당신에게 50만 원의 돈이 매달 들어온다면 무엇을 할 것인가? 그리고 당신에게 2억 원의 종자돈이 생긴다면 무엇을 할 것인가? 실제로 많은 사람에게 똑같이 질문했을 때 대부분 사람들은 50만 원이 들어오면 부모님 용돈이나 자신의 여가 활동에 쓰거나 주식에 조금 투자하는 등 50만 원으로 할 수 있는 소소

한 일들을 이야기했다. 그리고 이어서 2억 원이 생기면 무엇을 하겠느냐고 물으면 집이나 부동산에 투자한다고 이야기한다. 하지만 50만 원과 2억 원은 같은 돈이다. 2억 원의 레버리지를 이용하면 이자가 약 50만 원 전후로 나온다. 그러니 레버리지를 활용하는 사람들은 50만 원을 2억 원으로 만들어 투자하기 때문에 돈이 불어나는 속도가 빨라진다.

매달 꾸준히 들어오는 연금 형태의 소득이 얼마나 큰 힘을 가진 돈인지 잊지 말자. 돈을 그저 숫자로만 본다면 적은 돈은 소비하는데 모두 쓴다. 그래서 가난을 벗어나기 어렵다. 그러나 돈이 가지고 있는 가치를 아는 사람들은 소비하는 데 돈을 쓰지 않고, 소득이 될만한 곳에 돈을 쓴다. 그리고 매일 꾸준히 들어오는 돈을 가장 중요하게 생각한다. 엄청난 힘을 가졌기 때문이다.


## 🔍 목표를 명확히 보여 주는 지출 리스트

성공하는 사람과 실패하는 사람의 가장 큰 차이는 바로 목표가 있는지 여부이다. '꿈을 가져라', '목표를 설정하라'는 이야기를 많이 한다. 그렇다면 꿈과 목표는 어떻게 다를까? 예를 들어, '부자가 되고 싶다, 좋은 차를 타고 싶다, 좋은 집에서 살고 싶다, 세계 여행을 가고 싶다' 하는 것은 꿈이다. 하지만 '5년 안에 50억 부자가 되겠다', '2년 안에 포르쉐를 구입하겠다', '5년 안에 한남동에 있는 200평 정원이 있는 2층집에서 살겠다'라고 적으면 목표가 된다. 꿈과 목표의 차이는 바로 기간과 수치를 활용해 구체화했는지의 여부다. 예를 들어 5년에 50억을 벌겠다는 목표를 세웠다면 일 년, 한 달, 하루로 세분화해 당장 내가 어떤 일을 해야 하는지 구체적인 일일 목표를 세울 수 있다. 그 일일 목표를 잘 지켜나간다면 현실에서 불가능할 것 같다고 느꼈던 꿈들을 하나씩 이루면서 살게 된다.

그렇다면 이제부터 구체적인 목표 설정을 해 보자. 우리는 대부분 벌어들인 소득에 맞춰서 지출을 결정하라고 배우지만, 한번 바꾸어 생각해 보자. 얼마를 벌면 자신이 행복해질까를 먼저 고려한다면, 정말 자신이 원하는 삶을 살기 위해 얼마가 필요한지 알 수 있다. 그것이 바로 경제적 자유를 위한 인생의 목표를 명확히 하는 가장 좋은 방법이다.

지금까지 당신은 소득에 맞춰 지출을 했겠지만, 이제는 원하는 삶을 살기 위한 지출 목표를 먼저 작성하자. 지금부터 당신이 경제적, 시간적 자유를 누리며 살고 싶다면 한 달에 얼마의 지출이 필요한지 지출 리스트를 작성해 보자.

| 지출 리스트 | 금액 |
| --- | --- |
| 생활비 | 500만 원 |
| 취미활동 | 300만 원 |
| 집 관리비 | 600만 원 |
| 교육비 | 500만 원 |
| 차량 유지비 | 200만 원 |
| 배우자 용돈 | 300만 원 |
| 부모님 용돈 | 300만 원 |
| 기부 | 100만 원 |
| 여행 경비 | 500만 원 |
| 총 월간 지출 비용 | 약 3,300만 원 |

만약 월 지출을 3,000~4,000만 원 정도로 적었다고 가정해 보자. 그렇다면 그 사람은 한 달에 3,000~4,000만 원 이상 벌 수 있는 일을 찾아야 한다. 당연히 넓고 좋은 집, 좋은 차도 있어야 할 테니 원하는 집과 차의 금액을 구체적으로 작성하면 자신에게 얼마의 돈이 필요하고 매달 얼마의 돈을 벌어야 하는지 명확히 알 수 있다.

평범한 직장인에게 꿈이나 소망을 물어 보면 일하지 않고도 한 달에 1,000만 원만 꼬박꼬박 들어오는 건물을 소유하면 행복할 것 같다고 말한다. 그런데 반대로 한 달에 1,000만 원을 월세로 받으려면 얼마짜리 건물을 어느 지역에서 구입해야 하는지 물어보면 생각해 본 적이 없다고 말한다. 그 사람은 과연 그 꿈을 이룰 수 있을까? 막연히 그러면 좋겠다고만 생각했지 실제로 필요한 노력을 하지 않기 때문에 꿈을 이루기 위해서 돈이 얼마나 필요한지도 모른다. 막연히 건물은 비싸다고만 생각하고 알아보지도 않은 채 스스로 이루지 못한다고 단정을 짓는다. 세상은 최선을 다해 열심히 사는 사람이 부자가 되는 것이 아니고, 돈 공부를 제대로 하고 효율적으로 일하는 사람이 진정한 부자가 된다. 그러니 부자들의 생각을 배우기 위해서 책이나 유튜브 등 많은 정보를 활용하자. 그렇게 부자들의 생각을 배우고 지출에 맞는 목표를 작성하기 시작한다면 당신의 삶은 완전히 바뀔 것이다. 월 소득 1,000만 원을 만들기 위해서 어떤 사람은 수십 억이 필요하다고 생각하지만, 돈 버는 방법을 아는 사람은 몇천에서 1억 원만 가지고도 월 소득 500만 원을 만들 수 있다.

목표를 명확히 세우고, 어떻게 행동하면 되는지 구체적으로 알아본 후 자신한테 맞는 일을 찾아서 행동하기 시작하면 원하는 목표를 달성할 수 있다. 그러니 지금 당장 생각을 바꿔 보자. 자신이 원하는 것은 무엇이든지 이룰 수 있다고 믿고, 지출 리스트를 작성하자. 지출 리스트를 작성하고 나면 자신이 원하는 삶을 살기 위해 얼마나 많은 돈이 필요한지에 대해 놀랄 것이다. 그러나 다음에는 이것을 이루기 위해 어떤 일을 해야 할지 사업 아이템을 찾을 때부터 그 기준이 달라진다. 이제는 내가 할 수 있는 아이템을 찾기보다는 매달 필요한 지출 금액만큼을 벌 수 있는 아이템을 찾자.


## 🔍 마이너스 이론으로 목표를 달성한다

원하는 목표 금액을 정하고, 지출 리스트까지 작성했다면 이제 실행 단계만 남았다.

사람들은 대부분 목표는 거창하게 잘 세운다. 그러나 문제는 실천을 하지 못 한다는 점이다. 마치 다이어트 하는 법을 몰라서 못 하는 것이 아니고, 매일 꾸준히 실천하지 못해서 다이어트에 성공하지 못 하는 것처럼 말이다.

자신이 정한 목표를 구체적으로 실천하려면 마이너스 이론을 적용해 보자. 마이너스 이론이란 큰 목표를 점점 줄여서 세부 목표로 바꾸는 방법을 말한다. 먼저 전체 목표를 연 단위로 나누고, 다시 달로 나누고, 다시 일로 나누고 마지막에는 시간으로 나누어 보자.

예를 들어 1억 원을 3년 안에 모으겠다는 목표를 적었다고 하자. 단순히 1억 원을 모아야지 하고 생각만 하면 너무 큰돈으로 여겨져 모을 시도조차 하지 못 한다. 그러나 1억 원을 3년 안에 모으기로 했으니 3으로 나누어 1년에 약 3,300만 원을 모아야 한다는 걸 정확히 계산한다. 그리고 3,300만 원을 다시 12개월로 나누면 한 달에 275만 원을 모아야 한다는 사실을 깨닫는다. 그것을 다시 하루로 나누면 하루에 약 9만 1,600원씩만 모으면 된다.

**마이너스 이론으로 3년 안에 1억 만들기**

| 3년 | 1억 원(목표 달성) |
|---|---|
| 1년 | 3,300만 원 |
| 1달 | 275만 원 |
| 1일 | 9만 1,600원 |

무작정 1억 원을 모아야겠다고 생각할 때는 불가능할 것처럼 생각되었던 돈을 하루의 목표로 나누어 보면 하루에 9만 1,600원을 모으는 게 불가능할 것 같지 않다. 열심히만 일하고 아껴 쓰면 누구나 벌 수 있는 돈이다. 대부분 사람은 자신의 목표와 꿈이 너무 멀다고 느껴져서 이루어 보려는 노력조차 하지 않는다. 그래서 목표 달성은 그야말로 꿈이 되어 버린다.

다이어트도 마찬가지다. 올해 10kg을 빼겠다고 새해 다짐을 했다면, 한 달에 1kg 빼는 것에만 집중하자. 그러면 10개월 후에는 반드시 10kg을 뺄 수 있다. 이렇게 생각만 바꿨을 뿐인데 불가능하다고 생각하는 목표에 훨씬 가까이 다가갈 수 있다. 무엇보다 '언젠가,

때가 되면 시작해야지'가 아닌 지금 바로 큰 부담 없이 시작할 수 있다. 오늘 당장 시작할 수 있는 것보다 좋은 건 없다. 그만큼 꿈이 빨리 이루어진다는 뜻이고, 꿈에 한 발짝이라도 더 가까워질 수 있는 것이다.

자, 이제는 최종 목표를 생각하지 말고 지금 당장 해야 할 일에 몰입하고, 매일 그것을 위해 집중해 보자. 그러면 절대 불가능하다고 생각하는 모든 것을 이룰 수 있다.

문제의 원인을 주변 환경이나 남에게서 찾지 말고
문제를 해결하려면 나부터 점검해 보자.
대부분 문제는 외부에 있지 않고
운영하는 자신에게 있다.

**Chapter 2**

# 세상을 알아야
# 보이는
# 성공의 법칙

## 코로나로 인해 바뀌는 세상

아무리 작은 점포를, 본업이 아닌 부업으로 운영한다고 해도 창업을 준비한다면 최소한 미래의 흐름과 방향을 알아보고 아이템을 선정해야 한다. 더욱이 지금은 몇 년 후도 아닌 당장 다음 달의 사회가 어떻게 변할지도 모르는 시국이다. 이전에도 세상은 바쁘게 흘러갔지만 코로나 팬데믹이 시작된 이후에 세상은 지금까지와는 비교되지 않을 정도로 숨 가쁘게 변하고 있다. 많은 학자가 말하길 코로나가 다가올 미래를 5년 정도 앞당겼다고 한다. 그래서인지 처음에는 모두 혼란스러운 현실을 인정하지 못하고, 언젠가는 다시 코로나 이전의 사회로 돌아갈 거라는 막연한 기대감으로 버텼다. 하지만 시간이 지날수록 우리는 더 이상 코로나 이전으로는 돌아갈 수 없다는 사실을 깨닫고 있다.

코로나 팬데믹이 시작되며 경제적으로 어려운 사회 계층은 더욱 어려워졌고, 취업의 문턱은 높아졌으며 잘 다니던 직장을 그만둬야 하는 경우도 생겼다. 이러한 악재 속에서 매일 뉴스 한 면에 등장하는 이야기가 바로 자영업자들의 소식이다. 사람들이 모이지 않고 거리에 나오지를 않으니 자영업자들은 장사가 되지 않아 소득이 줄어들 수밖에 없다. 심지어는 상황을 비관해 극단적인 선택을 하는 사장들의 이야기도 전해질 정도다. 생계형 자영업자들은 장사가 잘 되지 않아도 그만두고 나면 새로운 일을 찾기가 쉽지 않으니 조금이라도 장사가 되면 최대한 유지해 보려고 한다. 또한, 이미 은퇴했거나 취업이 쉽지 않은 경력이 없는 청년들이 대부분이니 장사가 잘 되어 가게를 유지한다기보다는 어쩔 수 없이 빚이 늘어도 대출을 받아서라도 버텨 보려고 한다. 그런데 코로나 팬데믹으로 그마저도 매출이 떨어져 손해를 보고 있다. 매출이 나와야 권리금이라도 받아서 다른 사업을 시작할 수 있지만, 어쩔 수 없이 빚만 늘리고 있는 것이다. 오히려 사업자를 폐지하면 그동안 사업자로 받았던 대출금을 한 번에 갚아야 하는 실정이니 쉽게 그만둘 수도 없고, 운영하면 할수록 빚만 늘어가는 악순환이 반복된다.

하지만 잘 생각해 보자. 단지 코로나로 인해 모두가 어려워진 것일까? 아니면 코로나 이전부터 어려워지고 있던 사업이 코로나라는 거대한 장애물을 만나면서 더욱 어려워진 것일까? 비가 오는 날에는 우산을 팔고, 해가 뜨는 날에는 양산을 팔듯이 어려운 상황이라고 해도 그 속에서 꿋꿋이 살아남는 사람들은 항상 있다. 마찬가지로 코로나 시대에도 위기를 기회로 삼아 성장한 비대면 사업 아이템들은 엄청난 매출과 사상 최대 판매라는 기록을 세우고 있다. 예를 들어, 사람들이 집에서 보내는 시간이 늘어감에 따라 넷플릭스와 같은 전 세계의 콘텐츠를 저렴한 가격에 무제한으로 제공하는 플랫폼 회사들은 사상 최고의 매출을 기록하고 있으며, 주가도 크게 올랐다. 또한, 요즘 학생들의 수업과 크고 작은 회의를 위한 비대면 화상 시스템을 운영하는 '줌(ZOOM)' 역시 기업의 가치가 크게 오르고 있다. 거리에 나오지 못해 온라인 세상에서 모이기 시작한 사람들을 타깃으로 한 온라인 1인 판매업도 많아졌다. 온라인 세상 안에는 1인 기업뿐만 아니라 수많은 사람이 유튜브, 글쓰기, 블로그, 인스타그램, 스마트 스토어 등으로 높은 소득을 창출하고 있다. 또한, 폐업하는 식당이 많아지는 반면에 배달 사업은 엄청난 속도로 성장했다. 자영업자들은 높아지는 인건비를 해결하기 위해 키오스크를 활용하거나 서빙 로봇을 도입하기 시작했고, 무인 운영 관련 시스템은 나날이 발전하고 있다.

현재 사회가 변화하는 방향을 면밀히 살펴보면 어떤 방향으로 사업을 준비해야 하는지 길이 보인다. 사람들은 불필요한 만남을 피하려고 하면서 효율적인 시스템으로 움직이길 원한다. 사업자들은 직원들을 관리하는 일도 힘들고, 높은 인건비를 감당할 수 없으니 인력을 줄이기 위해 노력한다. 그렇게 우리 사회는 아주 빠른 속도로 비대면, 무인화의 시대로 진입하고 있다.

  아직은 무인 시스템 창업 아이템들이 생소하게 느껴질 수 있지만, 어느 순간 우리 주변에서 하나둘 자리를 잡아가고 있다. 대형 패스트푸드점에는 키오스크 주문 판이 손님을 맞이하고, 휴대폰만 있으면 거의 모든 물건을 주문하고 배송받을 수 있다. 사람들은 처음에는 복잡하고 어색하더라도 익숙해지면 편하다는 걸 알게 되면서 점차 시스템에 적응하기 시작했다.

  얼마 전 전주로 여행을 갔을 때 유명한 콩나물국밥집을 방문했다. 그런데 그곳에는 이미 주문과 서빙을 로봇이 대신하고 있었다. 처음에는 신기하고 어색했지만 저 로봇 몇 대가 여러 명의 직원을 대체할 수 있다는 사실에 놀라웠다. 게다가 불평불만도 없고 야간 수당도 지급하지 않으며, 24시간 일할 수 있는 직원이다.

  앞으로는 더 발전된 로봇 기술이 세상에 등장할 것이다. 고객이 원하는 서비스를 인공지능이 다 알아서 해 주는 꿈같은 세상이 현실이 되고 있다. 직원 로봇 한 대면 홍보 및 고객 관리와 주문까지 원스톱으로 이루어질 날이 얼마 남지 않았다. 앞으로 최저시급이 시간당 1만 원 이상이 된다면, 기계가 대부분의 일을 하는 무인 사업은 더 빠른 속도로 성장할 것이다. 이미 우리 주변에는 무인 카페, 무인 편의점, 무인 애견숍, 무인 빨래방, 무인 반찬가게, 무인 문구점 등이 운영되고 있으며, 점점 아이템도 다양해지는 걸 알 수 있다. 무인 사업은 한때 유행처럼 지나가는 게 아닌, 점차 진화해 이제는 일상으로 자리 잡고 있다.

## 🔍 구조적인 사회 변화를 파악하자

현재 대한민국은 저성장, 저출산, 고령화 그리고 4차 산업 시대를 살고 있다. 사업을 준비한다면 기본적인 세상의 구조를 이해해야 한다. 그래야만 앞으로 어떤 일을 해야 하고, 어떻게 준비해야 하는지 조금 더 열린 시각으로 바라볼 수 있다. 우리나라는 현재 저성장 시대에 접어들며 일자리는 빠른 속도로 줄어 들고 있고, 청년 실업률은 지속적으로 늘어 사상 최고치를 찍고 있다. 최근 코로나 여파로 실업률이 더 빨리 늘고 있는 것도 현실이다. 기업들은 자동화가 되며 대량 생산량이 늘었지만 저성장 시대로 접어 들며 매출은 성장하지 않으니 당연히 고정비가 가장 높은 인건비를 축소하는 방향으로 가고 있다. 그래서 일자리는 더 빠른 속도로 줄어 들고 있다.

기업들은 너도나도 일자리를 줄여 기업의 이윤을 안정화시키려고 노력한다. 현재 대기업 평균 은퇴 나이는 48세이다. 예전에는 55~60세 전후에 정년퇴직하는 것을 당연하게 생각했다. 그러나 노년에 정년 퇴임을 한 후 단순 노동에 종사하거나 창업에 실패해 빈곤층으로 전락하는 경우를 많이 봐 온 요즘 사람들은 40대에 빨리 퇴사해서 창업 시장으로 넘어가려 한다. 그로 인해 플랫폼 관련 사업이 지속적으로 성장하고, 1인 기업이 빠른 속도로 늘고 있다. 즉 누군가 고용해 주는 일자리를 찾기는 더 힘들어졌다는 뜻이다.

이런 상황에서 우리는 사회 변화에 어떻게 대처해야 할까? 아직도 공부해서 취업만 준비하는 것이 답일까? 시대 흐름에 맞는 준비를 하루빨리 시작한다면, 당신에게 모든 기회가 주어질 것이다.

최근 창업 시장도 흐름이 바뀌고 있다. 높은 임대료를 감당하지 못해 문을 닫는 대형 매장이 늘고 있는 반면, 10평 남짓한 무인 창업, 키오스크(셀프 주문기기) 활용 업장, 홀서빙 로봇, 소액 창업 등 1인 또는 2인 정도만 일할 수 있는 사업은 빠른 속도로 늘고 있다. 이처럼 창업 아이템은 시대에 맞게 점점 진화하며 다양해지고 있다. 사업은 시대에 맞게 꾸준히 변해야 살아남는다. 소비자들의 욕구를 해결해 주는 아이템은 앞으로도 꾸준히 성장하고 더 발전할 것이다.

최근 매일 저녁 뉴스는 자영업자 몰락에 대해 떠든다. 높은 임대료로 유명했던 홍대, 신촌, 강남 등의 지역은 상가 공실이 점점 늘고 있다고 한다. 뉴스만 보면 몇 개월 안에 모든 자영업자가 망할 것만 같다. 하지만 정말로 모든 상인이 망해서 문을 닫고 있을까?

부동산 뉴스를 보면 전국의 집값은 폭등한 것처럼 보이고, 모든 집이 15억 원 이상, 30억 원 이상인 것 같이 느껴진다. 그러나 실제로 따져보면 오른 곳도 있고, 그렇지 않은 곳도 있다. 미디어는 사람들의 관심을 끌기 위해 어떤 현상을 최대한 이슈화시켜 작성한다. 그래서 뉴스와 기사를 보면 마치 모든 세상이 그렇게 바뀐 것처럼 여겨진다.

그렇다면 코로나로 인해 자영업 시장은 실제로 어떤 영향을 받았을까? 결론적으로 타격을 받은 곳도 있고, 그렇지 않은 곳도 있다. 먼저 생활형 상권과 유흥형 상권으로 구분해서 살펴보면 차이가 보인다. 먼저 생활형 상권이란 거주지와 가까운 곳에 위치하여 편의점, 세탁소, 제과점 등 생활에 필요한 아이템들이 모여 있는 상권을 말한다. 유흥형 상권은 말 그대로 놀고먹는 유흥을 즐기기 위한 아이템이 모여 있는 상권이다. 그렇다면 코로나로 인해 많은 영향을 받은 곳은 먹고 마시고 노래하고 춤추는 상권으로 술집, 노래방, 대형 음식점 등이 모여 있는 상권이다. 이곳은 뉴스에 나온 것처럼 많은 피해를 보고 있다. 그러나 생활형 상권으로 이루어진 곳들은 코로나 이전보다 매출이 더 높다고 볼 수는 없지만, 장사가 잘 되는 곳은 아직도 권리금이 5000만 원~1억 원대까지 유지된다. 반면에 코로나 이전이나 이후나 원래 장사가 안 되는 아이템이었거나 장사가 안 되었던 상가 자리는 지금도 여전히 공실일 가능성이 높다.

코로나 이전에는 대부분 20평 전후의 매장에서 운영되는 아이템이 많았다. 커피숍만 해도 '이디아', '커피에 반하다' 등은 전국에 300여 개의 매장을 오픈할 정도로 성행했다. 여전히 우리나라의 카페 창업은 활발하다. 예전에는 20평 전후 매장이 대세였다면, 이제는 7~8평 소형 테이크아웃 전문점이나 시내 외곽의 대형 커피숍이 늘고 있다. 커피숍은 이미 포화 상태라고 보이지만 끊임없이 생기며, 그 안에서도 트렌드에 맞는 아이템으로 진화하고 있다. 그러니 일정한 시기가 되면 망하고 또 새로운 아이템이 생겨나는 것이 자영업의 현실이며, 그 변화는 점점 더 빨라지고 있다. 이러한 환경 속에서 장사를 시작하려면 세상이 어떻게 움직이고 소비자가 어떤 것을 원하는지 꾸준히 공부해야만 살아남을 수 있다.

## 🔍 프랜차이즈 기업의 흐름 살펴보기

현재 가장 트렌드를 이끄는 프랜차이즈 아이템들을 살펴보며 시장의 흐름을 읽어 보자. 프랜차이즈 회사들은 크게 두 가지 유형이 있다. 먼저 전형적인 스타일로 가맹을 하면서 인테리어나 교육비 등 매장을 오픈해 주며 수입을 만드는 회사가 있고, 다른 하나는 가맹비, 로열티, 인테리어 등을 최소화해서 교육비만 받고 시장에 빠른 속도로 아이템을 늘려서 시장을 점유하고 결국에는 유통을 목적으로 운영하는 회사가 있다. 최근에는 유통을 목적으로 하여 시장을 빠르게 점유하기 위해 매장을 늘리는 데 목적을 둔 소자본 창업이 늘어나고 있는 실정이다.

예전에는 가맹점을 하나 오픈하려면 최소한 1억 5,000만 원에서 3억 원 정도가 필요했다. 그러나 최근에는 2,000만 원에서 8,000만 원 전후로 창업 비용이 절반 정도로 낮아졌다. 그러다 보니 자본이 크지 않은 청년 창업 시장도 커졌다. 또한, 매장을 하나만 운영하려고 했던 사람들이 장사가 잘 되면 2~3개씩 오픈하는 경우도 많아져서 가맹점 100개 오픈은 1~2년도 채 걸리지 않는다.

소자본 창업이 늘면서 연령대가 많이 낮아졌다. 7~8년 전만 해도 평균 창업 연령대는 50대 전후였다. 창업에 억대 종자돈이 필요하기도 했고, 젊은 청년들은 취업을 먼저 생각했기 때문이다. 그러나 최근에는 창업의 문턱이 낮아졌을 뿐만 아니라 청년 실업도 증가하는 추세로 20~30대 청년들의 창업이 빠른 속도로 늘고 있다. 청년들이 스스로 발품을 팔아 최소한의 비용으로 자신만의 아이템을 만들어 판매하면서 성공하는 청년들도 많아졌다. 그렇게 온라인 창업을 통해서 투잡 아이템을 개발하고, 자신만의 브랜드를 만드는 등 창업의 폭이 넓어지고 있다.

반면에 본업이 있는 젊은 사람들과 은퇴 후 할 일을 찾는 중년들 사이에서 최대한 시간을 많이 투자하지 않으면서 한 달에 200~300만 원 정도 벌 수 있는 무인 창업이 관심을 받기 시작했다. 특히, 중년층 이상은 젊어서도 쉬지 않고 힘들게 일했는데 은퇴 후에도 힘든 노동을 하며 살고 싶지 않다는 인식이 지배적이기 때문이다.

그에 맞추어 창업 아이템도 바뀌고 있다. 특히, 은퇴 후에 빨래방, 스터디카페 등 무인으로 운영되는 아이템들은 나이가 들어서도 적당하게 일할 수 있고, 추가 소득도 만들 수 있어서 만족도가 높다. 프랜차이즈 기업들은 이런 흐름을 재빨리 알아채고 무인 창업 관련 아이템과 브랜드를 다양하게 선보이며 앞 다투어 시장에 진출하고 있다.

## 🔍 잘 되는 매장과 안 되는 매장 살펴보기

요즘 창업한다고 이야기하면 주변 사람들은 지금 있는 사람들도 망해 나가는 판에 무슨 창업이냐며 말리기를 서슴지 않는다. 하지만 앞에서 말한 것처럼 경기가 안 좋다거나 코로나 팬데믹과 같은 위기가 왔다고 모두가 망하는 것은 아니다. 오히려 비대면 시스템이 근간이 되는 사업인 온라인 비즈니스 아이템 그리고 무인 소자본 창업 아이템들은 빠른 속도로 성장하고 있다. 또 남들은 힘들다고 할 때 꾸준히 성장하고 고소득을 올린 사람들도 있다.

경기도 외곽에서 건물 전체에 고깃집을 10년간 운영하면서 연 매출 20억 원 이상 올리던 가게가 코로나로 인해 장사가 안 되어 거의 망하고 있다는 방송을 본 적 있다. 하지만 그 고깃집은 코로나가 등장하기 직전에 코다리 전문점으로 아이템을 변경했다. 고깃집 사장은 코로나 때문에 자신이 피해를 보고 있다고 생각했다. 그러나 현장을 보니 가게가 너무 크고 오래되어 구석구석 관리가 잘 되지 않고 있었다. 그리고 무엇보다 코다리찜은 젊은 세대가 많은 주변 아파트 단지를 전혀 고려하지 않은 아이템이었다.

코로나가 시작된 이후 사람들은 어떤 일이 잘 풀리지 않으면 코로나를 탓하기 쉽다. 그래서 문제를 해결하려고 하지 않고 그저 시대 탓만 하게 된다. 사실 가장 큰 문제는 내부에 있는데 말이다.

지금 자신이 알고 있는 오래된 맛집을 하나 떠올려 보자. 메인 상권의 한복판에 맛집이 있는 경우는 아주 드물다. 오히려 맛집은 찾기 힘들 정도로 골목 안쪽에 위치하거나 차를 타고 가야만 하는 외곽에 위치한 경우가 더 많다. 남들이 판매하지 않는 자신만의 독창적인 메뉴를 가지고 있다면, 가게가 어디에 있는지보다 맛있고, 푸짐하면 고객들은 어떻게든 찾아오기 때문이다. 모든 장사는 아이템은 물론 가게의 위치인 입지도 중요하다. 하지만 아이템과 입지가 모두 좋아야만 성공하는 것은 아니다. 자기 가게만의 특별함과 차별화된 서비스를 어떻게, 얼마나 제공하느냐에 따라 성공 여부가 결정된다.

지금부터 주변 상권을 면밀히 관찰하며 잘 되는 가게는 왜 잘 되는지, 안 되는 가게는 그 이유가 무엇인지 꼼꼼히 살펴보자. 개인 가게뿐만 아니라 똑같은 아이템을 파는 프랜차이즈도 모든 매장의 수입이 다르다. 그 이유가 무엇인지 따져 보고 파악해 보자. 먼저, 중요한 점 몇 가지만 체크해 본다.

첫째, 주변에 경쟁하고 있는 동일한 아이템이 몇 개나 있나?
둘째, 홍보와 매장 노출이 잘 되어 있는가?
셋째, 고객의 재방문율은 얼마나 되나?

이 세 가지를 고민해 본다면 문제를 파악하는 데 도움이 된다. 그런 후 자신이 준비하고 있는 아이템과 상가 자리를 찾아보면 많은 도움이 된다. 지금 자신의 매장을 운영하고 있는 사람도 앞의 세 가지에 대해 곰곰히 따져 보자. 특히, 주변에 동일한 아이템이 많아도 자신이 제공하는 상품에 차별성이 있다면 걱정할 필요는 없다. 자영업을 하면서 독점을 기대하기란 어렵다. 그러면 처음부터 이길 수 있는 아이템을 잘 선정해서 창업해야 한다. 그런데 자신이 생각해도 경쟁업체보다 품질이 떨어지거나 가격 경쟁력이 없는데 사업비가 저렴하다는 이유로 그 아이템을 선택한다면 성공하기 힘들다. 그 업종에서 1등 할만한 경쟁력이 없다면 시작하지 않는 것이 낫다.

반대로 아이템과 상가 위치를 잘 선택했는데 장사가 안 된다면 홍보가 안 되었을 수도 있다. 그러니 자신의 사업장을 알리는 데 과감히 투자해야 한다. '언젠가는 소문이 나겠지'라는 생각으로 창업을 하면 기회비용이 훨씬 더 많이 들어간다. 처음부터 자신의 사업장을 알리는 데 적극적으로 투자해야 한다.

이렇게 처음 두 가지를 잘했는데도 장사가 안 될 때는 반드시 고객의 재방문율을 체크해야 한다. 오픈하고 적극적으로 홍보를 했는데도 재방문이 이루어지지 않는다면, 가게 내부에 문제가 있는 것이다. 고객에게 불친절하거나, 위생에 신경 쓰지 않는다거나, 음식이 맛이 없거나, 상품의 가격이 비싼 것은 아닌지 따져 보자.

고객은 절대로 지갑을 함부로 열지 않는다. 자영업을 선택했다면 사장으로서 어떻게 하면 이윤을 많이 남길까를 고민하는 게 아니라 어떻게 하면 고객에게 좋은 제품을 더 싸게 줄 것인가를 고민해야 성공할 수 있다. 이와 반대로 생각하는 사장들은 결코 성공할 수 없다. 어떻게 하면 많이 팔 수 있을까를 고민하는 사장과 어떻게 하면 원가를 줄일 수 있을까를 고민하는 사장 중 누가 더 성공할지는 안 봐도 알 수 있다.

사실 사업을 시작하면서 이렇게 간단한 장사의 원리를 처음부터 지키지 않으려는 사장은 없다. 대부분 여윳돈 없이 시작하기 때문에 운영할수록 점점 조바심이 들고, 초심을 잃기 마련이다. 사장이 여유가 없으면 직원과 고객에게 인색해진다. 그러면 직원들이 오래 일하기 힘들어지고, 어떤 고객도 재방문하지 않는다. 만약 뚜렷한 이유가 없이 장사가 안 된다면 스스로 점검해 보자. 장사 안 되는 매장은 사장의 목소리와 표정만 보아도 그 이유를 알 수 있다고 한다. 인색한 사람 주변에는 사람들이 모이지 않는다.

내가 프랜차이즈 브랜드 컨설팅을 진행할 때도 다양한 사례가 있었다. 전국 매장 중 10%는 상위 매출이 나오고 있는 반면, 60%는 거의 현상 유지나 한 달에 300만 원 이하로 벌어가는 매장이 대부분이었다. 그리고 나머지 30%의 매장들은 직원들 인건비만 겨우 벌거나 한 달에 100만 원도 못 벌어서 가맹점주가 계속 바뀐다.

프랜차이즈 매장들은 똑같은 간판과 인테리어로 꾸미고 같은 제품을 파는데도 이처럼 매출의 편차가 크다. 처음에는 입지나 상권의 문제라고 생각하기 쉽다. 하지만 수익이 거의 없는 지점에 가서 한 달 만에 3배 이상의 매출을 이끌어 내본 결과, 잘 되지 않는 가게들의 문제는 다른 문제가 아닌 운영의 문제임을 알 수 있었다. 나는 프랜차이즈 회사에서 일할 때 망해가는 가게를 살리는 일에 큰 보람을 느꼈다. 안정적으로 잘 되는 매장은 특별히 컨설팅해 줄 것이 없기 때문이다. 사장님들이 장사의 원칙을 지키며 거기에 자신만의 운영 노하우를 접목해 열심히 운영하는 매장에는 특별한 도움이 필요 없었다. 그래서 장사가 잘 안 되는 매장에 집중했는데, 그런 매장을 다니며 깨달은 점은 모든 문제는 운영자와 내부 인력에 있다는 거였다.

신규 고객이 없으면 홍보를 해서 오게 하면 된다. 그러나 매장 운영을 신규 고객 유입으로만 운영한다면, 그 매장은 남는 게 없고 매달 안정적인 매출을 기대하기 어렵다. 그리고 매출을 올리려면 광고비를 써야 해서 결국 광고하면 손님이 오고, 안 하면 안 오게 된다. 그런 매장은 대부분 망한다. 매장 운영은 80%의 재방문 고객과 10~20%의 신규 고객을 통해 매출이 이루어져야 안정적으로 운영할 수 있다. 즉 운영의 핵심은 80% 이상의 단골 고객으로 인해 돌아가야 한다는 점이다. 그리고 매출에 집중하기보다는 고객의 숫자를 늘리는 데 집중해야 한다.

프랜차이즈 피부관리실 컨설팅을 진행할 때였다. 경기도에 있는 한 매장은 좋은 입지에 넓은 평수를 가지고 있고 한때는 매출이 높았던 매장이었다. 그런데 최근 몇 년 동안 매달 마이너스를 내고 있었다. 그동안 본사 담당자뿐만 아니라 회사 대표도 손을 놓고 있던 이 매장에 컨설팅을 시작해보기로 했다.

먼저 이 매장에 매일 출퇴근하면서 일주일간 직원들의 동선과 말투 등을 살펴보며 분석하고 기록으로 남겼다. 점장과 직원들의 관계도 살펴보았다. 나는 일주일 동안 조사를 끝낸 후에 그때부터 새로운 직원을 모집하기 시작했다. 그리고 이전 직원들과는 면담을 진행했다. 모두가 손을 놨던 그 매장의 문제는 결국 점장이 직원들에게 휘둘리기 시작했고, 근무하고 있던 직원들은 자신들의 일이 늘어나지 않도록 20대 어린 직원들이 예약을 받도록 미루거나 귀찮으면 받지 않고 있었다. 근무 시간에 비어 있는 방에서 낮잠을 자기도 했다. 제일 중요한 피부 관리 제품도 저렴한 제품을 사용하고 있었다. 역시 대부분 망한 가게와 비슷한 이유로 손님들이 더 이상 찾지 않는 매장이 되었던 것이다.

성공한 가게에도 이유가 있듯이 망한 가게에도 이유가 있다. 나는 원인을 파악한 후 이 가게를 살리기 위해 실행에 들어갔다. 고객이 올 수 있도록 아침마다 회원으로 가입된 고객들에게 매일 전화와 이벤트 문자를 발송해서 예약을 먼저 잡았다. 그리고 전 직원을 한 달 안에 모두 교체했다. 아르바이트를 미리 구해둔 후 직원 교체를 진행했다. 한가하게 일하면서 이미 나쁜 습관이 몸에 밴 직원들이 있는 매장에 새로운 직원이 입사하면 그대로 보고 배운다. 그리고 매장에 관해 안 좋은 이야기만 먼저 듣기 때문에 새로 입사한 직원들이 적응하지 못한다. 그리고 월급은 똑같은데, 그동안 장사가 안 되어 하루에 한 명을 관리하다가 갑자기 일이 많아지면 먼저 그만두겠다고 하는 경우가 대부분이다. 그래서 미리 직원들을 준비해 두어야 한다. 이 또한 직원들의 잘못은 아니다. 매장이 이렇게 운영되도록 신경 쓰지 않은 점장의 문제가 가장 크다. 점장은 직원들을 감시요원으로 두고 있었다. 어린 직원들의 말에 휘둘려 본사에 요구사항을 계속 전달하는 것처럼, 본사에서 매니저로 보내준 새로운 직원을 믿지 못하고 기존의 어린 직원들에게 책임자로 온 사람에 대한 평가를 묻는 실수를 범하고 있었다. 이런 어처구니없는 직원 관리로 인해 그동안 좋은 매니저나 지점 책임자들을 보내 주면, 일주일 이상 버티질 못하고 바로 퇴사해 버렸다. 결국 이 매장은 직원 관리가 가장 큰 문제였다.

한 달 만에 전 직원을 다시 세팅했고, 매뉴얼 교육을 진행하면서 시간이 날 때마다 회원들에게 홍보하고 고객의 예약을 잡았다. 새로운 예약 관리 서비스와 세련된 서비스 멘트 그리고 직원의 친밀한 인사와 정성스런 케어가 한 번에 바뀌고 나니 하루에 2~3명도 안 오던 매장에 매일 10~20명 이상이 방문하는 가게로 바뀌었다. 한 달 매출이 500~600만 원밖에 안 나오던 매장은 3,500~4,000만 원 정도로 잘 되는 매장으로 바뀌었다.

세상에 남이 대신 해주는 장사는 없다. 오토 매장이 가능한 것은 자신과 똑같은 마음으로 주인처럼 운영해 주는 직원이 한 명이라도 있을 때 이야기이다. 하지만 그런 직원을 고용하려면 그만한 믿음과 신뢰도 보여 주어야 하고, 부족하지 않게 대우해 주어야 한다. 그런 직원이 있다면 성공한 매장이다.

언제나 문제를 주변 환경이나 남에게서 찾지 말고 문제를 해결하려면 자신부터 점검해 보자. 대부분 문제는 외부에 있지 않고 운영하는 자신에게 있다.

전국 1등이 아닌
동네에서 1등 할 생각으로 창업을 준비하자.
자영업으로 전국 1등은 어렵지만,
동네 1등은 열심히 노력하고 실천하면
충분히 해볼 만하다.

# Chapter 3

# 동네 1등 하는
# 창업 성공
# 핵심 포인트

## 🔍 성공과 실패를 결정하는 요소

사람들이 창업을 결심하는 이유는 다양하다. 취업이 안 돼서, 직장에서 받는 월급보다 조금 더 돈을 벌고 싶어서, 사람들에게 자신의 상품을 선보이거나 자신이 만든 음식을 제공하고 싶어서 등 수많은 이유가 있다. 그러나 정말 장사에 뜻이 있어서 시작하는 사람은 생각보다 많지 않다. 대부분은 취업이 쉽지 않거나 현재의 소득이 만족스럽지 않아서 장사라도 해 봐야겠다는 마음이다. 그렇게 오직 돈을 벌기 위해서 창업을 한다.

그러다 보니 유행하는 아이템 등을 쉽게 선택해 아무런 준비없이 장사를 시작한다. 사업이 처음이라 프랜차이즈의 도움을 받는다고 해도 진입 장벽이 낮은 아이템들은 조금만 잘 되어도 곧 수많은 경쟁 매장이 생겨난다. 그래서 처음 시작한 회사가 끝까지 1등을 유지하기 어렵다. 뒤따라 시작한 업체들이 계속해서 아이템을 보완해서 나오기 때문이다. 무엇보다 고객들은 새로운 것을 좋아한다. 우리나라 사람들은 유난히 유행에 민감하기 때문에 창업 시장에서 하나의 아이템이 3년 이상 지속되기가 쉽지 않다.

하지만 이렇게 치열한 창업 시장에 뛰어들면서 자세히 알아보지도 않고 큰돈을 투자하는 것은 지는 게임을 시작하는 것이다. 그러니 '장사나 좀 해 볼까?'라며 가볍게 생각하고 이 책을 펼쳤다면 지금이라도 생각을 바꾸길 바란다. 창업은 많은 사람의 생활 터전이며 전 재산을 가지고 벌이는 치열한 전쟁터 같은 곳이다. 그러니 대충 알아보고 시작할 거면 아예 시작을 안 하는 것이 돈 버는 길이다.

단단히 마음 먹었다면 이제부터는 전국 1등이 아닌 동네에서 1등할 생각으로 창업을 준비하자. 자영업으로 전국 1등을 하는 것은 아이템과 자본력에 운까지 따라 줘야 가능한 일이지만, 동네 1등은 열심히 노력하고 실천하면 얼마든지 할 수 있다. 이제 동네 1등 매장을 위해 철저히 준비하고, 발품을 팔아 정보를 모으자. 창업 전쟁에서는 어떻게 준비하고 어떻게 시작하느냐에 따라 승패가 정해진다. 성공과 실패는 이미 준비하는 과정에서 결정된다고 해도 과언이 아니다. 가장 먼저 해야 할 준비는 입지가 좋은 매장이나 유행하는 아이템을 찾는 것보다 사업으로 성공한 사람들의 책이나 스토리를 찾아보는 것이다. 서점이나 도서관에 가면 경영에 관한 책, 창업에 관한 책을 쉽게 찾아볼 수 있다. 또 인터넷으로 성공 사례에 관한 정보를 찾아보는 것도 도움이 된다. 창업을 준비하면서 최소 10권 이상의 책을 읽고 그들의 노하우를 들어 보고 성공한 사람들의 공통점을 찾아보자. 그들의 노하우 3가지만 찾아서 체화할 수 있다면, 사업으로 성공할 확률은 월등히 높아진다. 자영업으로 성공한 사람들의 특징 중 가장 중요한 부분 3가지에 대해 정리해 보자.

첫째, 판매자가 아닌 고객 입장에서 생각한다. 즉, 고객들이 무엇을 원하는지 끊임없이 고민하고 연구한다. 성공한 사업은 사람들의 불편한 점을 해소해 주는 것에서부터 시작한다. 예를 들어, 우리 동네에 싸고 맛있는 고깃집이 없는데 그런 고깃집이 오픈하면 당연히 사람들은 몰려올 것이다. 또 아이들이 많은 학원가라면 아이들이 좋아하는 분식이나 간식류 등을 남들보다 싸고 맛있게 제공할 수 있다면 성공할 수 있다. 직장인들이 많은 지역이라면 맛있는 커피를 저렴하게 제공할 수 있으면 된다.

이처럼 자신이 하고 싶은 장사를 하는 것이 아니라, 그곳을 이용하는 사람들에게 필요한 것에 초점을 맞추어 아이템을 선택할 때부터 신중히 고려하면 반드시 성공할 수 있다. 이런 이야기들은 어쩌면 너무 당연한 말일 수도 있다. 하지만 실제로 창업하는 사람들의 대다수는 아무런 사전 조사 없이 '이거 하면 돈이 되겠다' 싶어서 시작하는 경우가 대부분이다.

둘째, 자신이 파는 제품에 자부심을 가진다. 짜장면을 파는데 짜장면을 먹어 본 적이 없다면 맛있는 짜장면을 팔 수 있을까? 푸드 트럭을 운영하는 한 청년은 컵밥을 싫어해서 먹어 본 적도 없는 컵밥을 팔고 있었다. 음식 장사를 하며 실제로 맛도 보지 않은 음식을 파는 사람들이 생각보다 많이 있다. 또 어떤 사장은 뚜렷한 메뉴조차 없이 무턱대고 가게를 오픈하기도 한다. 단지 '사람들이 내가 하는 밥이 맛있다.'라는 게 이유였다. 장사를 쉽게 생각하는 사람들은 할 게 없으면 창업이나 한다고 쉽게 말한다. 그렇게 시작한 사람들은 단가도 정하지 못하고 주먹구구식으로 장사를 해서 앞으로 팔고 뒤로 밑지기 십상이다. 지금 장사를 하는 많은 사람 중에 자신의 아이템에 대해 얼마나 알아보고 시작했는지 물어 보면, 대부분 돈에 맞춰 시작한 경우가 대부분이다. 동일한 아이템에 대해 인터넷으로 검색 몇 번 해본 것이 전부이며, 단순히 그냥 해 보면 괜찮을 것 같아서 시작하는 경우가 대부분이다.

만약 만두 장사를 해보고 싶다면 전국의 유명한 만두 가게들을 찾아다니면서 맛을 비교해 보자. 그리고 자신이 먹어도 지속적으로 재방문할 수 있을 만큼 최고의 맛을 찾았을 때 장사를 시작해야 실패하지 않는다. 자기가 생각해도 그저 그런 아이템이라면 시작도 하지 마라.

셋째, 입지에 맞는 아이템을 찾는다. 동네마다 입지가 좋아서 보증금, 권리금, 임대료가 비싼 곳이 있는 반면, 사람들이 잘 다니지 않는 한적한 곳은 상대적으로 임대료도 저렴하고 공실도 많이 있다.

하지만 전국에서 상권이 좋으면서 보증금, 권리금, 임대료가 저렴한 곳은 없다. 간혹 상권이 좋은 곳에서 보증금과 임대료가 저렴하지만, 권리금이 상대적으로 비싼 곳도 있다. 이런 곳은 보통 구시가지 상권으로 평수가 크지 않고 생활 상권이면서 오래된 건물이 즐비한 곳이다. 상권은 안정적이지만, 상대적으로 임대료를 비싸게 받을 수 없는 곳이다. 그래서 장사가 잘 되는 곳은 권리금이 최소 5,000만 원에서 1억 원 이상 형성된 곳이 많다. 권리금, 보증금이 높은 곳은 장사를 접고 나갈 때도 권리금이 안정적으로 유지되는 편이다. 권리금도 보증금처럼 유지가 잘 되는 곳은 그만큼 상권이 좋다는 걸 보증한다.

하지만 노출이 잘 되어야 하는 아이템인데 매장을 외진 곳에 오픈하면, 일 매출 150~200만 원 이상을 벌 수 있는 아이템으로 일 매출이 120~170만 원 밖에 안 나오기도 한다. 일 매출이 20~30만 원 이상 차이가 나면, 한 달이면 600~1,000만 원의 차이로 이어진다. 장사는 하루가 아니라 한 달 그리고 1년을 생각하며 운영해야 하니 입지가 중요한 아이템이라면 오히려 임대료를 100만 원 더 주더라도 월 매출이 안정적으로 나올 수 있는 좋은 입지에 상가를 선택하는 것이 옳다.

만약 돈이 부족하다면 외진 곳에서도 매출을 낼 수 있는 아이템으로 변경하는 편이 낫다. 위치에 맞는 장사를 선택하는 것이 성공의 지름길이다.

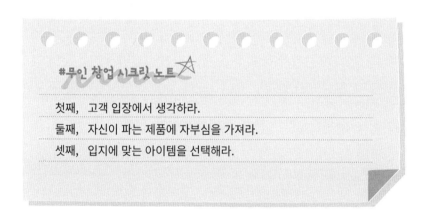

#무인 창업 시크릿 노트

첫째, 고객 입장에서 생각하라.
둘째, 자신이 파는 제품에 자부심을 가져라.
셋째, 입지에 맞는 아이템을 선택해라.

## 절대 품질, 절대 가격의 제품을 준비하자

세상의 모든 장사는 세일즈가 중심이다. 정보를 파는 것도, 물건을 파는 것도, 교육도, 사람들에게 제공하는 대부분은 판매를 통해서 이루어진다.

사람들이 상품을 선택할 때, 처음에는 정보를 찾고 그다음 비교 및 조사를 한다. 그리고 그 상품을 가장 합리적인 가격에 구매한 후 주변에 자랑한다. 무엇보다 소비자는 최종 선택에서 합리적인 소비에 집중한다. 비싸다고 해서 구매하는 것도 아니고 싸다고 해서 구매하는 것도 아니다. 저렴한 가격을 찾는 고객은 다른 곳에서 조금만 더 저렴하게 팔면 그곳으로 이동한다. 사람들이 가장 많이 착각하는 것 중 하나가 돈이 많으면 푼돈은 아무렇지도 않게 쓸 거라는 편견이다. 그래서 부자 고객을 타깃으로 하며 쓸데없이 인테리어와 겉 포장만 그럴싸하게 하고 품질 대비 비싼 가격의 물건을 팔아보려고 한다. 과연 돈이 많다고 해서 쉽게 소비하고 물건의 값을 따지지 않고 살까? 부자들이 부자가 된 이유는 돈을 잘 알고 현명하게 소비하기 때문이다. 부자들 역시 필요한 것만 소비를 하며 철저하게 가성비를 따진다. 더욱이 부자 중에는 판매하는 기술을 이미 알고 있는 사람이 많고, 합리적인 소비를 하는 사람도 많기 때문에 부자를 상대로 하는 판매가 가장 어렵다.

그렇다면 고객이 선택하는 합리적인 소비란 무엇일까? 바로 절대 품질, 절대 가격을 제시하는 것이다. 이것은 아무나 할 수 있는 것이 아니다. 자본을 가지고 있는 대기업처럼 대량 생산을 통해 단가를 낮추고 거대한 유통망을 통해 판매해야만 절대 품질, 절대 가격을 만들어 소비자에게 판매할 수 있다. 그런데 자영업자들이 할인 판매를 통해서 대기업과의 경쟁에서 이기기는 불가능하다. 그래서 저렴한 가격으로 승부하는 판매 방식으로 장사를 시작한다면, 바로 옆에 더 저렴한 가게가 생기는 순간 망한다.

자영업자들이 선택할 수 있는 경쟁력은 두 가지가 있다. 먼저 시스템을 가지고 있는 프랜차이즈 업종을 선택해 이미 수백 개의 매장을 가진 본사가 대량 구매를 통해 단가를 낮춰 소비자에게 적정한 가격으로 제공할 수 있는 구조를 활용하는 것이다. 이 방법은 개인보다는 브랜드의 홍보 및 서비스 제공 부분에서 더 좋은 조건으로 장사를 할 수 있다.

또 다른 한 가지는 특별함을 갖추어 충성 고객을 확보하는 것이다. 서울에 있는 한 유명한 빵집은 아침 10시에 현장에서 선착순 결제를 하고 번호표를 받아야만 12시 이후에 주문한 밤빵을 받을 수 있다. 그리고 밤빵은 1인당 1~2개만 주문이 가능하다. 그러나 고객들은 그 빵을 사기 위해 아침부터 줄을 서고 2시간씩 기다렸다가 사간다. 그 빵집의 6,000원짜리 밤빵 안에는 밤을 3,000원 이상 넣는다. 그야말로 밤 반, 빵 반인 밤빵이다. 그것을 아는 소비자들은 그

빵을 사기 위해 2시간이라는 시간을 아낌없이 쓴다. 반면 그 가게 사장은 밤빵을 팔아 봐야 1,000~1,500원 정도 남는다. 하지만 박리다매가 목적이 아니다. 보통 그 빵을 주문하고 기다리기 위해 고객들은 다른 빵과 음료를 시켜서 카페를 이용한다. 그러니 그 빵은 서비스 제품으로 제공하고 있는 마케팅 상품일 뿐이고, 결국 음료와 다른 빵 판매에서 이윤을 남길 수 있다. 만약 그 빵집이 밤빵만 팔아서 운영해야 한다면 하루에 수천 개를 팔아도 운영하기 어려울 것이다. 그러니 한정 수량을 서비스로 제공하는 방식을 택했다. 이렇게 차별화된 전략으로 운영하는 빵집은 서비스 빵으로 확실하게 입소문이 나서 줄 서서 방문하는 명소가 되었다.

개인 가게라도 차별성을 갖추고 고객을 불러들이면 쉽게 망하지 않는다. 하지만 차별성을 갖추려면 많은 시행착오와 노력이 뒤따라야 한다. 그러다 보니 가장 쉬운 방법인 단순하게 가격을 깎아 주는 할인으로 고객을 모으려 하기 쉽다. 그러면 할인이 끝나는 순간 고객들의 발길도 끊긴다.

고객을 모으는 방법을 연구하는 것은 무척 힘든 일이다. 그리고 어떤 방식으로 알아봐야 하는지도 모르는 사람들이 많다. 잘 되는 가게가 어떻게 잘 되는지 알아볼 생각도 하지 않고 장사가 안 된다고만 하니 폐업률이 80%에 달하는 것이다. 그러니 창업하기 전에 반드시 절대 품질, 절대 가격의 제품과 함께 고객을 모을 방법까지 준비되어야 한다.


## 🔍 고객의 마음을 사로잡는 마케팅

창업을 준비한다면 제일 먼저 아이템을 정하고 그다음에는 반드시 마케팅에 대한 방안을 생각해야 한다. 아무리 좋은 상품이라도 사람들에게 알려지지 않아서 사라지는 제품들도 많기 때문이다. 요즘은 바이럴 마케팅이 유행이기에 인스타, 블로그, 네이버 검색 광고 등을 가장 먼저 떠올린다. 그러나 남들이 하는 방식으로 고객을 모은다면 성공하기 힘들다. 잘 모른다는 이유로 남들이 하는 방법을 그대로 따라 한다면, 그 결과는 좋을 수 없다.

하물며 대기업에서도 고민하는 것이 바로 파는 방법이다. 그런데 자신의 아이템이 무엇인지 전혀 고려하지도 않고 그저 남들이 하니까 나도 한다는 안일한 생각으로 무턱대고 마케팅을 진행한다면 아무런 효과도 보지 못하고 돈만 쓰게 된다.

대기업은 제품을 만들어 출시할 때 유명한 연예인을 동원해 광고를 만들고 수많은 미디어 매체를 통해서 알리는 등 엄청난 광고비를 투자해 제품을 홍보한다. 그러나 소상공인은 그렇게 할 수 없다.

그래서 예전에는 전단지, 신문 삽지 등의 광고를 해왔다. 그러나 이제는 사람들이 지면 광고보다는 휴대폰으로 보는 모바일 광고를 훨씬 많이 접한다. 점점 인터넷 세상 안에서 홍보하는 바이럴 마케팅을 선호하고 효과도 훨씬 좋은 게 사실이다. 하지만 이 역시도 소자본 창업이나 무인 창업을 하는 사람들에게는 전문 업체에 맡겨서 하는 바이럴 마케팅 비용이 수십만 원에서 수백만 원에 이르기까지 지속적으로 들어가니 부담일 수 있다. 창업자 입장에서는 신규 고객을 유입하는 방법을 딱히 모르겠고 전문가들이 바이럴 마케팅이 효과가 좋다고 하니 비용이 비싸도 무턱대고 따라 하는 경우가 대부분이다.

하지만 이러한 생각은 처음부터 잘못되었다. 가령 자신이 오픈한 매장이 연령대가 높은 고객이 많이 이용하는 아이템이라면 과연 바이럴 마케팅이 효과가 있을까? 자신의 아이템을 구매하는 고객층이 어떤 사람들이고 어떤 미디어에 노출이 잘 되는지, 어떻게 구매를 결정하는지도 파악하지 않고, 그저 온라인 마케팅만 맹신하는 것은 매우 위험한 행동이다.

동네 상권에서 치킨 가게를 낸 어느 사장은 오픈 이벤트로 선착순 100명에게 닭을 공짜로 주겠다고 홍보를 했다. 그랬더니 오픈 당일에 동네 사람들은 그 가게 앞에 몇 시간 동안 줄을 서서 닭을 받아갔다. 오며가며 그 광경을 지켜보던 동네 사람들은 그곳을 맛집으로 여기고 꼭 한번 먹어 봐야겠다고 생각한다. 그렇게 몇몇 고객은 그 가게를 방문할 것이고, 동네 사람들은 공짜로 먹은 닭이 맛있고 서비스도 좋았다면, 다음에 재방문할 것이다. 또, 줄을 섰지만 100마리 이후에 줄을 서서 이벤트 닭을 받지 못한 사람들도 오랫동안 줄을 섰으니 시간이 아까워서라도 닭을 주문해서 먹을 것이다.

닭 한 마리의 단가가 4,000원이라고 한다면 4,000원×100명 = 40만 원이다. 40만 원을 들여서 한 홍보가 그 어떤 홍보보다 더 확실하게 주변 사람들에게 각인되었다. 크지 않은 비용으로 확실한 홍보를 진행한 매장은 입소문이 나서 그 이후 프로모션을 하지 않아도 단골들이 생겼고, 안정적으로 잘 운영하고 있다. 이러한 오픈 이벤트를 결정할 정도라면, 어느 정도 맛이나 서비스에 자신이 있는 경험 있는 사장일 것이다. 초보 사장이라면 그 많은 양의 닭을 첫날부터 만들어내는 것도 쉽지 않아서 오히려 오픈 날에 손님이 몰리는 것을 무서워하기도 한다.

자신의 아이템이나 매장을 홍보하는 방법은 정말 무궁무진하다. 창업을 시작할 때 스스로 고민하고 연구하고 잘되는 가게들을 찾아다니면서 조사하다 보면 자신만의 노하우도 생기고 동네 1등 매장을 운영할 만한 특별한 홍보 방법을 찾기도 한다. 홍보 및 마케팅은 절대 쉽게 해결하려고 하지 말자. 고객의 지갑을 여는 일이 얼마나 힘든지 알아야 한다. 언제부턴가 서비스를 주면 사람들은 당연한 것을 받는다고 생각하기 시작했다. 예를 들어 '저희 매장은 밥을 무한 리필 서비스로 제공합니다.'라고 벽에 붙여 두는 순간, 그것은 서비스가 아닌 고객들이 받을 당연한 권리가 되어 버린다. 때로는 고객의 요청에 좋은 마음으로 응하여 제공하는 서비스도 고객은 서비스라고 느끼지 못한다. 서비스는 고객이 전혀 예측하지 못한 것을 받았을 때 마음 깊은 곳에서 감동이 오는 것이어야 하기 때문이다. 무한 리필로 밥을 서비스로 제공해도 모두에게 주는 것이니 감동이 있을 리가 없고, 고객이 요청하여 받은 서비스는 마지못해서 옆구리 찔러 절 받은 격이니 감동은커녕 고맙다고 느끼지도 못한다. 아무런 감동이 없는 서비스는 안 주는 것만 못하다. 고객이 당연하게 생각하는 권리로 바뀐 것은 더 이상 서비스가 아니다. 그렇다면 어떻게 해야 진정한 감동이 있는 서비스를 제공하고 단골을 만들 수 있을까?

무엇보다 고객이 먼저 요구하기 전에 알아서 챙겨 주고, 고객이 예상하는 것보다 더 많은 것을 제공할 때 감동을 줄 수 있다. 우리 동네에 줄을 서야만 먹을 수 있는 인기 있는 중국집이 있다. 이 작은 중국집에 가면 인당 1만 원에 4가지 코스 요리와 식사 메뉴까지 먹을 수 있다. 단돈 1만 원으로는 먹을 수 없는 고급 요리를 맛보는 것도 만족도가 높은데, 아이와 같이 가면 젊은 주인 사장님은 아이의

짜장 밥을 공짜로 챙겨 준다. 게다가 아이 식사를 따로 시키지 않았음에도 코스 요리에 아이 것까지 따로 챙겨 나온다. 이곳은 고객을 생각하는 사장님의 마음이 느껴지는 곳이고, 만족감을 넘어 1만 원의 식사에 감동을 주는 곳이다. 그러니 15평 남짓한 작은 가게 앞에 매일 줄을 서는 것은 당연한 결과이다. 많은 고객이 이곳에서 식사하기 위해 매번 1시간 이상 기다리지만, 그런 시간 투자를 당연하게 생각하면서 만족스러운 식사를 한다.

서울에 한 고깃집은 수십 년째 줄을 서서 먹는 곳으로 유명하다. 그 식당의 돼지갈비 1인분은 1만 원에 판매하는데 두 명 이상 방문하면 1만 원짜리 고기가 듬뿍 들어간 김치찌개를 서비스로 제공한다. 물론 메뉴판에는 김치찌개 1만 원이라고 적혀 있다. 이 가게에 수십 년째 고객들이 줄을 서는 이유는 맛있는 갈비를 저렴한 가격에 먹을 수 있고, 서비스로 김치찌개가 아닌 1만 원짜리 정식 메뉴를 공짜로 받기 때문이다. 방문하면 뭔가 이득을 본 것 같다는 느낌을 주는 가게는 줄을 서서 먹지 않을 수 없다.

진정한 마케팅은 고객의 감동을 넘어 저절로 소문이 나서 가게를 홍보한다. 그저 우연히 들른 뜨내기손님에게라도 무엇을 더 챙겨 줄 수 있을지 고민하는 마음가짐이 필요하다.

## 🔍 고객에게 투자하라

성공한 가게를 만들기 위해서는 특별한 제품과 함께 상권이 가장 중요하다고 생각하는 사람들이 많다. 그러나 성공한 사장들에게 물어보면 상권은 생각보다 그렇게 중요한 역할을 하지 않는다고 말한다. 예를 들어 우리나라에서 가장 좋은 상권을 꼽으라면 누구나 강남역을 떠올릴 것이다. 그러나 강남역 앞 상권은 6개월 이내에 망해서 철수하는 가게가 가장 많은 곳이기도 하다.

반면에 지방의 상권이 좋지 않은 곳에 위치한 한 칼국수 가게에서 한 달에 매출 1억 원을 올리기도 한다. 어느 동네에서나 볼 수 있는 칼국수와 파전을 팔아서 이런 매출이 나온다면 일일 방문객이 1,000명 정도 된다는 말이다. 이 가게의 핵심 성공 노하우는 바로 재료값을 아끼지 않는 것이다. 좋은 재료를 아낌없이 사용하고 칼국수 7,000원, 파전 12,000원에 푸짐하고 맛있는 음식을 고객에게 제공한다. 지금 이 이야기만 들어도 바로 찾아가서 먹어 보고 싶다는 생각이 들 것이다. 바로 소비자가 원하는 가성비가 최고인 매장이다.

'음식 장사는 퍼 주면 남는다'는 사장의 마인드가 그대로 결과로 나타난 사례이다. 이 가게의 사장은 34세에 칼국수 집만 4곳을 운영해 연간 70억 이상의 매출을 내고 있는 성공한 사업가이다. 하루 1,000여 명이 다녀가는 이 가게 직원들의 평균 나이는 26세이다. 그

70

리고 사장은 주방에서 따로 계량을 하라고 전달한 레시피가 없다고 한다. 단, 직원들에게 요구한 내용은 부모님께 대접하는 마음으로 재료를 듬뿍 넣으라고 전달했다. 할머니의 손맛을 내는 특별함은 없지만 음식이 전반적으로 깔끔하고 맛이 있다. 그러니 결국 좋은 맛을 내는 건 좋은 재료를 아낌없이 사용하기 때문이다.

또 다른 사례를 보자. 한 청년 사장은 가정 형편이 어려워 20세부터 막노동을 포함해 안 해본 일이 없을 정도로 열심히 살았다. 그리고 초밥집에서 일하면서 초밥 기술을 익혀 24세에 창업했다. 가게는 1년 반 만에 10평 남짓한 매장에서 월 매출 8,000만 원을 벌어들였고, 바로 2호점을 오픈해서 6개월 만에 2호점도 월 매출 8,000만 원으로 올렸다. 청년은 연간 약 20억 원의 매출을 올리는 청년 사업가가 되었다.

20대 사장은 처음 투자금이 없어 외진 골목에서 창업을 시작해 처음 몇 달은 하루 매출 8만 5,000원이 겨우 될 정도로 힘들었다고 한다. 그러나 이 청년은 자신의 가게를 찾아오는 고객 한 사람 한 사람이 너무 소중하고 고마웠기 때문에 고객들에게 서비스를 제공하기 시작했다. 가게가 무척 한가해서 오는 손님들과 이야기도 많이 나누고 친해지면서 단골도 만들어갔다.

그 결과 3개월이 지나고, 6개월이 지나면서부터 입소문이 나기 시작해 손님들이 늘기 시작했다. 손님이 늘기 시작하고 나서는 1년 만에 월 매출이 큰 폭으로 올라가는 것을 보고 꿈이 더 커져서 2호점을 오픈했다고 한다. 2호점도 똑같이 임대료가 저렴한 곳을 찾아 1호점처럼 한 사람 한 사람 정성껏 대접하니 6개월 만에 1호점 매출을 넘어서는 매장이 되었다.

이 두 사례만 봐도 알겠지만 장사가 잘 되는 가게 사장들에게는 공통점이 있다. 바로 고객에게 투자한다는 점이다. 어떻게 하면 고객이 좋아할지를 찾고 그것을 끊임없이 실천했다.

돈을 버는 노하우는 특별한 게 아니다. 우리는 모두 소비자이다. 자신이 갔던 대박 가게들을 생각해 보자. 어떤 가게는 한 번 먹고 안 가는 곳도 있지만, 자주 가는 곳은 돈을 내면서도 정말 맛있게 잘 먹었다는 생각에 돈이 아깝지 않는 곳이다. 이처럼 단순한 사실을 고객일 때는 아는데 막상 사장이 되면 보이지 않는다. 돈을 벌 생각에 일단 고정 지출을 줄이는 것부터 시작한다. 그렇게 재료비를 낮추고, 인건비를 낮추는 데만 신경을 쓰니 대박 가게들과 반대로 운영해서 어떻게 성공할 수 있겠는가?

성공의 원리는 간단하다. 좋은 제품을 싸게 공급하면 된다. 원칙과 기본에 충실하면, 누구나 사업에 성공할 수 있다. 그러니 어떻게 하면 고객에게 아낌없이 줄 수 있을지 그것을 매일 생각하고 경영하라.

보통 일일 방문객이 500명 이상인 매장이라면 대형 주차장을 확보한 도로변에 임대료 1,000만 원 전후의 매장에서 운영할 수 있다. 그러나 사례에 나온 칼국수 가게는 보증금 1,000만 원에 임대료가 80만 원이다.

창업 초기에는 누구라도 처음부터 고객을 모으기가 쉽지 않다. 그러니 SNS를 활용한 입소문으로 손님을 늘리려면, 창업 투자금과 임대료가 너무 높으면 안 된다.

처음 일일 방문객 30명을 만들 때까지는 속도가 더디다고 느껴지겠지만, 그 이후부터 60명, 100명, 1000명은 훨씬 빠른 속도로 늘어난다.

## 홍보와 마케팅은 필수다

새로 오픈한 가게가 자리 잡기까지는 수개월이 걸린다. 그렇기 때문에 최대한 빨리 매장을 알려 매출을 안정적으로 올리려면 홍보가 필요하다. 자영업자에게 홍보는 매출에 직접적인 영향을 끼치기 때문에 선택이 아닌 필수이다. 그래서 가장 많은 비용과 시간을 투자해야 하는 분야이다.

어떤 사람들은 홍보를 따로 하지 않으며 매장이 서서히 입소문으로 알려지면 된다고 생각하는 사람들이 있다. 하지만 그것은 좋은 생각이 아니다. 기업들이 엄청난 비용을 들여 광고를 하는 이유를 생각해 보자. 기업이든 장사든 아무리 좋은 제품을 가지고 있어도 팔리지 않으면 망할 수밖에 없다. 그러므로 자신의 매장을 홍보하는 일을 등한시하지 말자.

어떤 사람은 무인 사업을 부업으로 생각하고 시간을 투자하지 않아도 쉽게 돈을 벌 수 있다고 착각하는데 무인 사업도 사업이다. 처음에 자리 잡을 때까지는 열심히 홍보해야 하고 그래야 안정적으로 운영할 수 있다.

프랜차이즈로 창업을 할 때는 간혹 본사에서 기본적인 마케팅 방법을 알려 주기도 하지만, 대부분은 두리뭉실하게 지점에서 알아서 해야 한다고 안내하는 경우가 많다. 만약 셀프 창업이라면 더더욱 마케팅을 어떻게 해야 할지 난감해서 시작도 안 하는 경우가 대부분이다. 그러면 지금부터 매출에 가장 영향을 주는 지역 홍보 마케팅에 관한 실질적인 노하우를 알아보자. 일단 우리 동네에 매장을 홍보하는 기본적인 방법 5가지를 살펴보자.

첫째, 지역 카페 또는 단지 커뮤니티를 통한 홍보이다. 상가가 있는 지역마다 홍보하는 것이 무료인 곳도 있고 유료인 곳도 있다. 그러나 비용이 들더라도 꼭 홍보해야 한다. 특히 지역 카페의 이벤트를 통해 회원들의 SNS나 블로그, 소셜 미디어에 글을 올리고 인증해 주는 이벤트를 하거나, 얼마나 많은 사람이 활동하는 카페인지 확인하고 광고 비용을 지불하더라도 카페에 광고를 진행한다.

단, 지역 카페 광고 시 주의점은 매장의 준비가 미비한 상태에서 홍보를 하면 오히려 역효과가 난다. 불편했던 사례나 비교하는 사례 등 부정적인 이슈들이 많아져서 오히려 고객이 더 빨리 끊기기도 하니 주의해야 한다. 반면에 인터넷에 익숙하지 않은 중장년 연령대의 고객에게는 홍보가 미흡할 수 있으니 오프라인 홍보도 고민해 봐야 한다.

둘째, 지역에 있는 아파트 게시판, 엘리베이터 게시판을 통한 광고를 활용하자. 아파트 게시판 광고는 관리소에 한 달에 5~10만 원 정도의 비용이 발생한다. 홍보 신청을 받는 요일이 아파트마다 다르니 확인하고 게시하면 된다. 새로 입주한 아파트들은 엘리베이터 내 스크린 광고만 진행하는 아파트들이 많다. 효과가 즉각적이고 모든 연령층에 홍보가 가능하다는 장점이 있다.

셋째, 인스타그램 등 SNS 광고를 활용하자. 인스타그램에 매장 계정을 새로 만들어서 오픈 전부터 인테리어 하는 사진 등을 올린다. 그러면 앞으로 이 지역에 매장이 오픈한다는 사실을 미리 알릴 수 있다. 인스타그램 홍보는 새로운 상품을 올리거나, 이벤트를 진행할 때 고객들과 팔로우가 되어 있으면 자동으로 고객들에게 노출이 되기 때문에 단골을 확보하는 데 굉장히 효과적이다. 계정을 키우는 데는 어느 정도의 시간이 소요되지만, 시간을 투자해서 인스타 계정이 커지면 나중에는 그만큼 홍보 비용도 절감할 수 있고, 고객 관리가 가능해져 매출을 올리는 데 탁월한 역할을 한다.

넷째, 네이버 스마트 플레이스 등록이다. 네이버에서 자주 가는 매장 이름을 검색해 보면, 매장의 이름이 지도에 표시되고 하단에 주소와 상세 이미지가 보인다. 사용자가 네이버 포털에서 검색하면 지도에 노출이 되는 방법이다. 가능하면 첫 페이지 상단에 노출될 수 있도록 노력해야 한다. 상단에 노출이 되려면 메인 사진과 정보를 상세히 올리자.

다섯째, 고객이 참여하는 우리 매장만의 특별 이벤트이다. 무인 매장이라고 해서 고객과 대면을 하지 않을 뿐 언제나 고객을 우리 매장의 단골로 만들기 위해서는 다양한 마케팅이 필요하다. 재고 관리 차원에서 할인 이벤트를 진행하거나 밸런타인데이, 빼빼로데이, 할로윈 등 특별한 날 이벤트를 진행하면 도움이 된다.

실제로 무인 아이스크림 매장에서 단가를 올리기 위해 1만 원 이상 구입한 영수증에 이름, 연락처를 남기면 한 달에 한 번씩 사다리

게임 등의 추첨으로 1만 원, 5,000원, 3,000원 상당의 과자 증정 이벤트를 진행했더니 반응도 좋았고 과자 매출도 증가하였다.

업종마다 진행하는 이벤트는 다양하다. 고객들의 반응과 시장 조사를 하면서 다른 매장들은 어떤 이벤트를 하고 있는지, 사전 조사도 해 보고 고객의 만족도를 높이기 위해 관리하는 것이 중요하다.

특히, 무인 매장은 사람을 통해 영업하지 않기 때문에 무엇보다 적극적인 홍보를 통해 고객에게 우리 매장을 빨리 알려서 안정적으로 자리 잡도록 해야 한다.

## 🔍 고객의 주 동선을 찾아라

창업을 준비하는 사람들이 가장 어렵다고 느끼는 것이 바로 자신의 아이템에 딱 맞는 상가를 찾는 것이다. 아무리 전문가라고 해도 좋은 매장의 위치를 단번에 알기란 어렵다. 좋은 위치의 매장을 찾아서 창업을 시작한다면, 더욱이 무인 창업에서는 90% 이상 성공했다고 볼 수 있다.

먼저 상권과 입지의 개념에 대해서 알아보자. '상권'은 상업상 거래가 행해지고 있는 공간적 범위를 말한다. 그래서 지역마다 상권의 크기는 지역의 인구수 그리고 상가를 지을 수 있는 땅의 용도에 따라 형성된다. 그래서 항아리 상권, 독점 상권, 골목 상권, 중심 상권 등의 말이 생겨났다. 또, '입지'란 경제 활동을 위해 선택한 장소를 말한다. 즉, 장사를 위해 얻는 상가의 위치를 입지라고 한다. 그래서 상권을 먼저 분석하고 거기에 맞는 입지를 선택하는 것이다.

무인 창업 역시 아이템 즉 업종마다 좋은 입지가 다르다. 그러니 우리는 아이템에 맞는 상권을 선택해서 좋은 입지를 찾으면 된다. 먼저 상권 중에서 생활형 상권은 학원, 마트, 병원, 편의점, 세탁소, 정육점, 과일가게 등 생활에 필요한 업종들로 구성된 상권이다. 반면 유흥 상권은 술집, 노래방, 단란주점, 클럽 등이 입점한 상권이다. 신도시에서는 이 두 가지 상권을 나누어 규정해서 입점이 가능한 업종을 구분한다. 예를 들어, 학교가 가까운 곳이면 모텔, 술집 등 유흥 업종이 입점하기 어렵다. 그래서 이런 곳은 주로 생활형 아이템인 학원, 병원, 마트, 빵집, 세탁소, 피자, 생활용품점 등의 판매 업종이 입점한다. 그래서 어떤 상가 거리에는 술집이 하나도 없는 곳도 있고, 어느 지역에는 '먹자골목'이라고 부르며 많은 술집과 먹거리, 유흥 놀거리가 모여 있는 것을 볼 수 있다.

도심에는 큰 중심 상권이 있다. 그곳에는 일자리가 많고, 교통이 편리해 많은 식당과 유흥 업종 그리고 업종에 따라 어디에나 입점할 수 있는 미용실, 병원, 자격증 학원, 판매업 등이 주 고객층에 따라 입점해 있다. 그러나 신도시는 거주를 중심으로 사람들이 모여 있기 때문에 특정 중심지를 제외하고는 거의 생활형 상권이 주를 이룬다. 그러니 자신이 선택한 아이템에 따라 중심 상권으로 들어갈지 골목 상권으로 들어갈지를 정하고, 유흥 상권과 생활형 상권 중 어디에 속하는지 확인하면 된다.

다음으로 입지를 선택하는 기준을 알아보자. 입지는 선택한 아이템이 목적성을 가지고 찾아오는 아이템인지, 아니면 지나가는 길에 들러서 이용하는 아이템인지에 따라 결정된다. 예를 들어, 당신이 선택한 아이템이 스터디카페라면 공부를 하겠다는 목적을 가진 고객이 검색을 해서 찾아올 것이다. 이렇게 목적성을 가진 아이템이라면 비싼 임대료를 지불하면서 입지가 좋은 상가 1층이나 메인 상가에 입점할 필요가 없다.

스터디카페를 이용하는 고객은 주로 고등학생과 직장인이다. 고객이 원하는 것은 깔끔하고 이용하기 편리하고 가격이 착한 곳이다. 그렇다면 스터디카페 업종에 알맞는 좋은 입지는 주변에 학교가 많고, 유흥 업종이 없는 조용한 지역이다. 그런 지역의 깨끗하고 임대료가 저렴한 상가를 얻는다. 임대료에서 절약한 비용을 고객에게 서비스로 돌려주거나 이용비를 저렴하게 제공할 수 있다면, 그 상가가 스터디카페에 맞는 가장 좋은 장소이다.

반면, 밀키트 전문점이나 무인 편의점, 무인 카페 등의 판매 업종은 접근성이 중요하다. 소비자들이 처음에는 궁금해서 방문해 보겠지만, 시간이 지나면 눈에 잘 보이는 매장을 먼저 이용한다. 그래서 유동 인구가 많은 주 동선에 입점해야 다른 곳보다 약 30% 이상 높은 매출을 유지할 수 있다. 너무 외진 곳에 있으면 광고를 지속적으로 해도 한계가 있다. 주 동선과 그렇지 않은 매장의 일 매출 차이가 하루에 10만 원만 달라져도 월에 300만 원이나 차이가 난다. 그러니 사람들이 많이 오가는 주 동선을 파악해서 그 라인으로 입점해야 한다. 단, 접근성이 좋은 매장에 입점하는 업종들은 다른 유인 프랜차이즈 매장과도 경쟁해야 하는 등 경쟁이 치열한 편이라는 점도 유념하자.

중심 상업지에는 상가가 모여 있다. 그리고 그 주변으로 거주지 즉 아파트, 빌라, 오피스텔이 있다. 동네마다 거주하는 사람들이 주로 이동하는 동선을 주 동선이라고 한다. 즉, 그 동네 사람들이 학교나 직장을 다니기 위해 이용하는 버스 정류장이나 지하철을 이용하기 위해 이동하는 동선이다. 보통 교통이 발달한 곳인 역 근처에는 큰 상권이 형성되어 있다. 이처럼 주 동선에 입점한 매장들은 광고를 따로 하지 않아도 사람들에게 많이 노출되기 때문에 장사가 잘된다. 그러나 그만큼 장사가 잘 되는 곳이기 때문에 권리금, 임대료도 높다.

　주 동선을 파악하고 싶다면 먼저 온라인 지도 검색을 활용해 보자. 각 지역의 아파트 출입구와 역이 있는 위치를 확인하고 많은 상가 거리 중 어떤 곳으로 사람들이 많이 다닐지 미리 예측해 본 후에 현장을 직접 방문한다. 다른 방법으로는 해당 동네에 파리바게트 매장의 위치를 검색해서 확인하고 그 동선을 알아본다. 파리바게트의 스토리를 알면 그 이유를 알 수 있다. 우리나라 대기업 중에 CJ에서 운영하는 뚜레쥬르 매장이 있다. 뚜레쥬르는 파리바게트 매장이 1등하기 전까지 단연 1등 빵집이었다. 이미 업계에서 1등을 하는 브랜드가 있지만 파리바게트 점포 개발자들은 뚜레쥬르 매장을 이기기 위해서 두 가지 방법을 적용했다. 그중 하나가 바로 주 동선을 잡는 거였다. 이미 유명한 뚜레쥬르 매장보다 더 좋은 위치에 매장을 오픈해서 사람들에게 알린다면 고객들은 자연스럽게 눈에 많이 보이는 매장을 이용하게 된다. 그래서 점포 개발자들은 동네마다 가장 많은 사람이 다니는 지역의 상가, 즉 횡단보도 근처 매장에만 입점했다. 이 방법은 성공적인 결과를 가져 왔고, 파리바게트는 현재까지도 빵집 매출 1등을 놓치지 않고 있다.

　다시 말해서 파리바게트 매장은 전국에 주 동선 분석이 끝난 매장이 입점한 자리이다. 전문가가 알려준 주 동선 기준 자리이니 파리바게트 매장 라인으로 상가를 얻으면 평균 매출이 다른 곳보다 높을 것이고, 경쟁자가 생겨도 매출이 크게 하락하지 않을 것을 예측할 수 있다. 그리고 매장들이 들어오고 싶어 하는 입지이기 때문에 나중에 권리금도 보장받을 수 있다.

임대료가 너무 비싸다고 생각해서 메인 상권에 입점하지 못하고 2급지 매장에 입점하면 오히려 전체 매출이 높지 않아서 순수익이 낮아져 원금 회수 기간이 오래 걸려 손해를 보는 경우도 있다. 그래서 자신의 아이템에 맞는 알맞은 입지를 선택하는 것은 무엇보다 중요하다.

예를 들어, 무인 창업 아이템 중 밀키트 전문점을 창업한다고 가정해 보자. 간편하게 조리만 해서 먹을 수 있는 밀키트 전문점의 주고객 층은 맞벌이 부부나 주부들이다. 그래서 첫째, 상권은 연령대가 높은 상권보다는 30~40대 젊은 맞벌이 부부가 많은 지역으로 결정한다. 둘째, 밀키트 아이템은 생활형 상권 아이템이기 때문에 마트, 정육점, 반찬가게, 과일가게 매장이 있는 생활형 상권을 찾는다. 셋째, 매장은 파리바게트 위치를 확인하고 주 동선을 파악해서 동네에서 유명한 과일가게 옆이나 어느 정도 규모가 있는 마트 근처로 잡는다. 동네 주부들이 많이 다니는 동선에 매장이 있으면 장을 보러 왔다가 이용해 보고 편리하고 맛있어서 단골이 될 것이다. 이렇게 주 동선 입지만 잘 선택한다면 힘들게 광고비를 많이 들이지 않고도 꾸준히 고객을 확보할 수 있다.

## 🔍 성공하는 상권 및 입지의 상관관계

창업에 있어서 입지는 정말 중요하지만 어떤 입지가 좋은지 묻는다면 정답은 '아이템마다 다르다'이다. 세상에 나만 팔 수 있는 물건이 과연 얼마나 될까? 개인적인 연구와 개발을 거쳐 만들어낸 물건이 아닌 다음에야 대부분 내가 팔면 남도 판매하는 물건이다. 예를 들어, 편의점에서 판매하는 물건들은 슈퍼마켓이나 마트, 다른 편의점이나 인터넷 쇼핑몰에서도 팔고 있다. 그래서 이처럼 생필품을 판매하는 편의점은 무엇보다 입지가 매출에 가장 큰 영향을 준다. 아무나 팔 수 있는 제품들이니 눈에 잘 띄는 곳에 있어야 손님들이 지나가면서 방문하기 때문이다. 동네에 편의점이 딱 하나 있다면 아무 곳에서나 운영해도 매출이 높겠지만 현실적으로는 골목마다, 건물마다 편의점이 입점해 있다. 만약 자신의 사업 아이템이 편의점 물건처럼 생필품에 가깝다면 편의점 입지를 눈여겨보는 것도 방법이다.

편의점은 우리나라에서 커피숍 다음으로 매장이 많다. 그 이유 중 하나가 창업 비용이 낮기 때문이다. 보증금만 있으면 1,500~2,000만 원 정도에 매장을 오픈할 수 있고, 요식업처럼 특별한 기술이 필요하지 않기에 누구나 할 수 있다. 이처럼 진입 장벽이 낮기 때문에 누구나 쉽게 창업할 수 있다.

편의점 본사 입장에서는 어디에서든 물건을 팔 수 있으면 좋으니 진입 장벽을 낮춰 자신들의 물건을 팔아 주는 수많은 매장을 열고 사장들을 두고 운영하고 있으니 이처럼 좋은 시스템이 없다. 자신들의 물건을 알아서 팔아 주고 관리해 주니 말이다. 그래서 편의점은 오픈하기는 쉽지만 본사에 내는 수수료 부분이 크다. 제품을 모두 본사에서 지원해 주기 때문이다. 사장은 장소를 제공하고 매장을 운영해서 인건비, 임대료, 제품 관리만 하면 되기 때문에 초기 창업 비용은 낮다.

편의점은 무엇보다 입지가 중요한 사업이다. 그러니 권리금을 주더라도 좋은 위치에 입점해야 매출이 안정적으로 나와서 본사에 수수료를 내고서도 수익이 남는다. 반면에 그렇지 않은 장소에 오픈하여 자신의 인건비도 못 가져가고 고생만 하다가 그만 두는 경우도 허다하다.

휴대폰, 옷가게 등 물건을 파는 매장들 역시 좋은 입지가 매출에 가장 큰 영향을 준다. 하지만 음식점은 조금 다를 수 있다. 음식점은 주로 찾아가는 업종이고 최소 20~30평대 이상의 장소가 필요하니 권리금과 임대료가 비싼 장소에 오픈하면 수지 타산이 맞지 않는다. 또, 음식점은 자신만의 노하우로 맛이 좋고, 푸짐하고, 합리적인 가격을 제안하면, 고객들이 찾아온다. 그러니 경쟁력을 가진 아이템이라면 굳이 높은 임대료를 내면서 운영할 필요는 없다. 비싼 임대료를 지불하는 메인 도로보다는 주로 이면 도로 쪽에 입점해도 장사가 된다.

만약 자신의 아이템이 특별하며 입지가 좋지 않은 외진 곳에 매장을 열었다면, 그만큼 홍보 및 입소문이 날 때까지 자본금을 가지고 버텨야 한다. 입소문은 하루아침에 나지는 않기 때문에 최소 6개월은 고객이 모일 때까지 정성을 다해서 운영해야 한다. 그리고 고객이 찾아오게 만들기 위해서는 찾아올 수밖에 없는 특별함도 갖추어야 한다. 이런 특별함이 없이 임대료만 저렴한 곳을 찾아 장사를 시작한다면 당연히 성공하기 어렵다.

세상에 유동 인구가 많은 좋은 입지에 임대료가 저렴한 곳은 없다. 사람들이 많이 모이는 곳은 권리금과 임대료가 높고, 사람들이 잘 다니지 않는 곳은 그만큼 임대료가 저렴하다. 그러니 자신의 업종이 누구나 할 수 있는 업종이고 특별함을 줄 수 없는 아이템이라면, 입지가 좋은 곳에 입점해야 일매출이 올라 높은 임대료를 주고도 순수익을 낼 수 있다.

임대료와 권리금은 건물의 가치를 반영한다. 권리금은 장사가 잘되는 정도에 따라 형성되며, 유동 인구가 많은 상권은 바닥권리라고 해서 권리금이 있다. 간혹 폐업하는 매장들이 권리금을 요구하는 것은 이 바닥권리 때문이다. 망해서 그만두었다고 해도 그 상가 자리가 나쁜 것은 아닌, 사장이 운영을 잘못했거나 그 동네와 맞지 않은 업종으로 입점한 경우이다. 그렇다면 통상적으로 그 상권에 형성되어 있는 바닥권리금은 보증금처럼 추후에도 받을 수 있는 돈이라고 생각하면 된다.

간혹 어떤 사장들은 자신이 수리한 비용을 내세워 무리한 권리금을 요구하는 경우도 있지만, 자신의 업종에 꼭 필요한 자리라고 생각되면 비싼 권리금을 주고 들어가기도 한다. 그러니 권리금에 대해서는 어떤 기준을 가지기보다는 상권이 얼마나 안정적인지에 따라 유동적이라는 것만 염두에 두고 아이템에 맞는 상가를 찾는 데 집중하자.

최근 코로나로 인해 유흥 상권과 쇼핑의 메카라고 불리는 유명한 상권들이 모두 타격을 받고 있다. 하지만 그럼에도 생활형 상권은 오히려 안정적인 편으로 권리금도 높게 형성된 곳이 많다.

만약 가게를 내고 싶은 동네가 있다면, 그곳에 어떤 사람들이 사는지를 먼저 연구한 후에 아이템을 정하는 것도 방법이다. 예를 들어, 오피스텔이 많아서 젊은 사람들이 많이 산다면 그들이 자주 이용하는 무인 세탁방, 편의점 등을 고려해 보는 식이다. 무엇을 선택하든지 가장 중요한 것은 지역에 맞는 아이템을 선택해야 한다는 점이다. 한번은 노인 인구가 많은 동네에 아동복 매장을 오픈한 사장님을 본 적이 있다. 그 사장님은 아이가 있어서 아동복점을 하고 싶었는데 동네에 임대료가 싼 가게가 나와서 분석도 하지 않고 그저 자신이 하고 싶은 아이템으로 오픈했다. 역시나 그런 매장을 보면 오래 버티지 못하고 금방 문을 닫는다.

어떻게 그럴 수 있을까 싶지만 의외로 동네를 다니다 보면 그 지역의 분위기와 전혀 맞지 않는 매장을 종종 볼 수 있다. 장사를 해봤던 사장들 중에도 아직도 어떤 것을 알아보고 조사해야 하는지 조차도 모르고 그저 사람이 많으면 뭐든지 잘 되는 줄 여기며 장사를 시작한다. 그래서 70% 이상이 1년 안에 폐업을 한다. 바로 준비를 제대로 하지 않기 때문이다.

창업을 하려면 이론으로만 공부하지 말고 직접 발품을 팔아서 자신이 하고 싶은 업종을 찾아다녀 보자. 단순히 위치만 보는 것이 아닌 지역에 거주하는 인구, 연령대, 학교 숫자와 동일한 업종이 몇 개나 있는지 등 입지를 정확히 분석하고 알맞은 입지를 선택하면성공 확률은 훨씬 높아진다.

## 🔍 무인 창업을 해야 하는 3가지 이유

직장인들의 80%는 창업을 꿈꾼다. 그러나 막상 창업을 하려고 하면 주변에 성공한 사람들보다 실패한 사람들을 많이 보기 때문에 수많은 리스크가 눈앞에 아른거려 선뜻 결정하기가 쉽지 않다. 창업 후 3년 안에 폐업하는 사람들이 90%가 넘는 마당에 용감하게 창업 시장에 뛰어들기에는 두려움이 앞선다. 하지만 만약 리스크가 거의 없는 창업이 있다면 어떨까?

기존의 생계형 창업이 위험한 이유는 바로 창업 초기부터 들어가는 높은 고정 비용 때문이다. 창업을 하려면 최소 6개월에서 1년은 돈을 못 벌어도 버틸 수 있는 자금을 마련하고 창업하라는 이야기가 있다. 그러나 현실적으로는 그렇게 하기가 어렵다. 창업 자금으로 1억 5,000만 원에서 3억 원의 돈을 마련하느라 빚까지 지면서 시작한다. 그러니 창업하고 나서 여윳돈을 마련하는 것은 결코 쉬운 일이 아니다. 벌어서 마련한다고 생각하는 사장도 있을 수 있으나, 현실적으로 창업을 하자마자 처음부터 대박이 나는 경우는 드물다. 특히 동네에서 시작하는 생계형 창업은 처음부터 홍보 비용을 많이 들여서 마케팅을 할 수 있는 상황이 아니다 보니 매장을 알리는 데도 시간이 필요하다.

무엇보다 유인 창업의 문제는 바로 높은 고정 비용이다. 매출과 상관없이 고정으로 들어가는 고정 비용이 있다. 바로 임대료, 인건비, 원재료, 각종 세금과 공과금 등은 매장을 유지하기 위한 기본적인 비용이다. 최소 20~30평대 매장을 기준으로 직원이 주방에 2~3명, 홀에 1명 그리고 사장 이렇게만 해도 기본으로 5명이 필요하다. 그러면 인건비로 약 1,250만 원 정도가 든다. 그리고 임대료 또한 입지와 지역에 따라 다르겠지만 20~30평 1층을 기준으로 250~700만 원 정도한다. 마지막으로 원재료 값과 세금까지 합친다면 월에 2,000~3,000만 원 정도를 벌지 않으면 매장을 유지할 수 없다. 그러면 1일 매출 최소 100만 원 이상을 벌어야 마이너스가 되지 않는다. 그러나 오픈하자마자 3,000만 원 이상 벌 수 있는 매장이 얼마나 될까?

매장이 입소문이 나고 단골을 만들 때까지는 최소 6개월에서 1년이 걸린다. 매달 몇백만 원씩 마이너스가 되거나 마이너스는 아니더라도 기본만 유지한다면 생계형 창업자들은 생활비를 빚으로 버텨야 한다. 이렇게 여유 자금이 없이 시작하면 점차 직원을 줄이고, 원재료를 저렴한 제품으로 바꾸고 줄일 수 있는 것을 줄이면서 장사를 한다. 그러면 어느새 고객들도 점점 더 줄어들어 결국 문을 닫는다.

그러나 무인 창업은 고정 비용 중 가장 높은 인건비가 없으니 다른 사업이 비해 리스크가 확연히 줄어든다. 아이템에 따라서는 원재료 값도 거의 들어가지 않는 공간 임대 사업도 있다. 그래서 임대료만 부담하면 되기 때문에 리스크가 거의 없다.

예를 들어 하루에 10만 원 밖에 벌지 못하는 매장은 월 매출이 300만 원밖에 되지 않는다. 그러나 임대료만 부담하면 되는 무인 창업은 일 매출이 10만 원 정도라고 했을 때 100~200만 원을 제하면 순수익은 100~200만 원이 된다. 물론 노동력도 유인 창업에 비해 훨씬 적게 든다.

또 무인 창업은 소자본 창업이 가능하다. 대부분 가게가 최소 20평 이상의 매장에서 창업하기 때문에 인테리어 등 창업 비용 자체가 1~3억 원 정도로 높다. 그러나 무인 창업은 10평 전후의 공간으로도 창업이 가능하며 아이템에 따라 다르지만, 창업 비용도 보통 3,000~5,000만 원 정도로 낮은 편이다. 무인 창업은 사업이 잘 되지 않는다고 해도 인생을 바꿀 만큼 크게 망하거나 크게 손실을 보지는 않는다. 그리고 매장이 여러 개라면 그중 하나가 잘 되지 않아도 소득에 큰 차이가 없기 때문에 안정적인 생활을 할 수 있다. 그래서 무인 창업은 리스크가 적은 사업이라고 할 수 있다.

마지막으로 누구나 창업이 가능하다는 장점이 있다. 사실 평생 직장생활만 한 사람이거나 주부, 정년이 훌쩍 지나 버린 사람들이 창업할 때 가장 어렵게 느끼는 점이 바로 사람을 응대하는 서비스와 판매이다. 이것 때문에 창업할 때 아이템이 한정적인 경우가 많다. 동네에서 사장이 불친절하다고 소문이 나면 가게는 바로 문을 닫는 경우도 있으니 말이다. 그러나 무인 창업은 직원도 없고, 고객조차도 접촉할 일이 거의 없기 때문에 그런 부담감에서 자유롭다. 그래서 무인 창업 즉 무인 연쇄 창업은 경제적, 시간적 자유를 얻을 수 있고 스트레스는 적으며 적게 일하고 많이 벌 수 있는 사업이다.

무인 매장은 차려 두고
청소만 하면 된다는 안일한 생각은 버리자.
자신만의 아이템과 서비스로
고객에게 어떤 감동을 줄 것인지
끊임없이 연구해서 차별성을 갖추자.

# Chapter 4

# 불황에도 끄떡없는 무인 창업 성공 전략

## 🔍 이제는 무인 창업이 대세다

한국은 현재 청년 실업률의 증가와 베이비 부머 세대의 은퇴자 수가 급격히 증가하고, 100세 시대로 돌입해 N잡 열풍이 불고 있다. 이제는 하나의 직업만으로는 불안하다고 느끼며, 나이가 들어도 일을 하고 싶다는 사람들이 많아진 것이다. 또한, 코로나 팬데믹으로 인해 전체 자영업자의 수는 감소하고 있지만 직원을 두고 일하는 자영업자의 수는 감소한 반면, 직원을 두지 않고 키오스크를 활용하는 등 나홀로 운영하는 자영업자의 수는 늘고 있다.

언론에서 말하는 것처럼 2020년 코로나로 인해 소상공인이 가장 심각하게 경영난을 겪고 있는 것도 사실이지만, 오히려 실업률이 사상 최고에 달하며 더 이상 안정적인 직장의 개념이 사라지면서 무인

94

창업, 1인 창업, 온라인 창업 같은 소자본 창업이 그 어느 때보다 활발하게 이루어지고 있다.

벼룩시장 구인 구직 설문 조사에 따르면 직장인 10명 중 7명이 창업할 의향이 있다고 한다. 그 이유는 퇴직 걱정 없이 평생 일할 수 있어서이다. 그러나 자영업자가 많은 만큼 폐업자도 많다. 한해 폐업률이 88%에 달하고, 신규 등록 자영업자의 비율은 60%이다. 자영업자의 58.3%가 월평균 400만 원 이하의 매출을 올리고 있으며, 그중 절반 이상이 적자 또는 수입이 없거나 순수익이 100만 원도 안 되는 것으로 조사되었다.

연령대마다 다르겠지만 젊은 사람들은 '젊어서 고생은 사서도 한다'라는 말처럼 힘들어도 열심히 일해서 직장 생활보다는 많은 돈을 벌 수 있는 아이템을 선택한다. 반면 50대 이상의 나이로 은퇴를 했거나 은퇴를 앞둔 고소득 직장인들은 노후에 하루에 12시간씩 하루도 쉬지 않고 일하는 요식업을 더 이상 원하지 않는다. 다가올 100세 시대에 맞게 적당히 일할 수 있으며 몸이 힘들지 않는 창업 아이템을 선호한다. 그런 요구와 시대적 상황에 딱 맞아 떨어지는 것이 바로 무인 창업이다. 무인 창업의 장점은 하루에 1~2시간만 투자하고도 최소 200~1,000만 원의 소득을 만들 수 있다는 점이다. 은퇴 후 장사를 시작해 하루도 쉬지 않고 죽을 때까지 힘들게 일하며 숨 가쁘게 오르는 인건비, 재료비, 임대료를 감당하면서 돈을 버는 것보다는, 하루에 1~2시간만 일하고 직원 인건비 및 재료비 걱정 없이 한 달에 200~1000만 원 버는 무인 창업이 훨씬 현명한 선택이다.

2021년 한국농촌경제연구원에 따르면 MZ세대 입맛에 맞춘 밀키트 시장은 지난해 1,882억 원 규모로 전년 대비 85% 성장했다. 2017년에 200억 원 수준이었는데 3년 만에 10배나 성장한 셈이다. 2024년에는 7,000억 원 규모로 확대될 것으로 예측했다. 2021년 밀키트 생산 및 판매 업체들의 실적도 약 80~150% 이상 급등했다. 한 밀키트 프랜차이즈 브랜드는 8개월 만에 257개의 매장을 오픈하며 빠르게 성장하고 있다. 우리 주변만 둘러보아도 눈에 띄게 무인 가게가 많아지는 것을 알 수 있다. 그만큼 무인 창업 시장은 빠른 속도로 성장하고 있다.

코로나 이후 무인 시스템에 익숙해진 우리 사회에 비대면 시스템과 무인 창업의 열풍이 불고 있다. 그러나 무턱대고 따라만 하다가는 성공하기 힘들다. 이런 열풍 속에서 진정한 승자가 되기 위해서 어떤 시스템을 선택해야 할지 지금부터 살펴보자.

## 🔍 끊임없이 연구해서 차별성을 갖추자

장사를 처음 해 보는 사람들은 보통 안전하게 프랜차이즈를 선택한 후 본사의 이야기만 듣고 창업을 결심하기 쉽다. 현실적인 경험이 없다 보니 잘 되는 사람들의 자료만 보고 결정한다. 매장의 위치 또한 자신이 거주하는 곳과 가까운 곳을 입지와 상관없이 선택한다. 자신이 고른 입지에 대해서도 프랜차이즈 회사는 단순히 나쁘지 않다는 이야기만 할 뿐 정확히 어떤 점이 좋고 나쁜지 시원하게 답변을 듣기 어렵다.

실제로 가맹 사업을 이제 막 시작한 신생 프랜차이즈 회사라면 자신들의 업종에 맞는 상권이 어디인지 정확하게 판단하지 못하는 경우가 많다. 그저 인근에 대형 마트가 있어서 장사가 잘 된 지점이 있으면 무조건 마트 근처의 자리를 추천하는 식이다. 그러나 의외로 대형 마트 안에서 많은 소비를 하니 사람들이 마트 근처의 상가에서는 쉽게 지출하지 않아 장사가 안 되는 경우도 많다. 그러니 설혹 프랜차이즈 아이템을 선택했다고 해도 꼼꼼한 입지 조사는 자신의 몫임을 명심하자.

먼저 입점하려는 동네 사람들의 소득 수준이나 상권이 어떤지 알아보자. 지역의 소득 수준이나 상권을 알아보려면 그 지역의 부동산 유형을 확인하는 게 좋다. 여러 부동산 온라인 사이트를 활용하면 지역별 아파트 시세 그리고 세대수, 평형, 임대아파트 수 그리고 상권을 지도를 통해 쉽게 파악할 수 있다. 여기서 좀 더 손품을 팔면 사이트를 통해 직업 분포도도 알 수 있다. 인근 주택의 평형과 주민들의 연령대 그리고 학교의 수를 파악하면 그 지역의 상권을 파악하는 데 많은 도움이 된다. 그런 후에 자신의 아이템과 입지가 잘 맞는지 확인한다.

자영업의 가장 큰 단점은 경쟁률이다. 어떤 아이템이 괜찮다거나 동네에 처음 생겨서 잘 되면 다른 매장들이 너도 나도 생겨나 바로 근처에 입점을 한다. 자본주의 시장에서 시장 원리에 따르는 당연한 현상이니 어찌할 도리가 없지만, 아무리 열심히 일해도 경쟁자가 생겨 매출이 떨어질 수밖에 없는 구조가 자영업의 가장 큰 단점이다.

몇 년 전 달고나 커피가 한창 유행했을 때를 기억해 보자. 당시에 커피숍에 달고나 커피와 함께 달고나 사탕을 찾는 고객들이 많아졌다. 달고나 사탕의 주문은 크게 늘었고, 처음 사탕을 만들어 팔던 사탕 제조 사장은 전국의 커피숍에서 달고나 사탕 주문이 밀려와 모두 납품하지 못하는 상황에 빠졌다. 사탕 제조 사장은 인력과 시설을 늘려 달고나 사탕을 대량 생산해야 할지, 그냥 할 수 있을 만큼 생산해야 할지 고민만 하고 있었는데, 결국 발 빠른 유통업자들이 베트남에 공장을 빌려서 달고나 사탕을 대량으로 생산하기 시작했다. 그렇게 달고나 사탕은 더 저렴한 가격에 프랜차이즈 커피 매장으로 공급되었다. 그 후로 사탕 제조 사장은 그때 조금 더 적극적으로 생산해서 판매를 했더라면 하고 후회하지 않을까?

시장은 오랫동안 기술을 연구해야 하는 아이템이 아닌 이상, 돈이 된다면 발 빠르게 선점하고 운영하는 사람들이 생겨난다. 그러니 세상에 '온리원' 제품을 만들 가능성은 아주 낮다. 의약품 역시 처음 개발은 어렵지만, 약품 특허 기간이 끝나면 복제 약을 생산해서 판매할 수 있게 된다. 그러니 아이템을 선정할 때는 이 아이템이 지속적으로 성장 가능한 아이템인지를 잘 따져봐야 한다. 앞에서 예를 든 달고나 커피 역시 지금도 판매는 되고 있지만, 한순간에 반짝 유행하던 메뉴였기 때문에 시장에서 빠르게 사라졌다. 시장이 빠르게 커지면 그만큼 빠르게 생겨나고, 빨리 사라지는 경우도 허다하다.

창업 아이템을 선정할 때는 앞을 내다봐야 한다. 먼저 사람들의 소득이 증가하면서 삶의 패턴이 바뀐다 해도 지속적으로 성장할 수 있는 아이템인지를 분석한다. 그리고 1단계 시장의 공급 확산, 2단계 사업의 안착, 3단계 사업의 업그레이드 도약, 4단계 사업의 숙성 단계, 5단계 다시 진보 있는 성장 순으로 발전해야 한다.

'커피'라는 아이템을 살펴 보자. 예전에는 동네마다 있던 다방에서만 커피를 마실 수 있었다. 그러다가 브랜드 커피숍이 생겨났다.

그 당시 외국에서 들어온 스타벅스를 시작으로 카페베네, 파스쿠찌, 탐앤탐스, 할리스, 엔젤리너스, 커피빈, 투썸, 폴바셋 등 대기업들이 뛰어들어 규모가 큰 커피숍을 차리기 시작했다. 그리고 프랜차이즈 가맹을 시작하면서 개인이 운영하던 커피숍들이 타격을 받기 시작하자 3억 원 이상 자금이 필요한 프랜차이즈 대신 투자금이 1억 5,000만 원 정도인 중저가 커피 브랜드인 이디아가 생겨났다. 개인 커피숍을 운영하던 사장들이 이디아 커피숍으로 변경하면서 골목 골목 프랜차이즈 커피숍 창업이 강풍을 일으켰다. 그리고 우리나라 창업 1위가 커피숍과 치킨집이 될 정도로 한 건물에 한 개 이상의 커피숍과 치킨집이 오픈하는 게 당연한 포화 상태의 시장이 되었다.

'커피숍을 창업하면 망한다'는 염려 속에서도 특별한 기술을 요하지 않고 누구나 할 수 있는 아이템의 특성 때문에 지속적으로 창업이 늘고 있다. 그러면 진짜로 커피숍을 창업하면 망할까? 물론 레드오션은 맞지만 레드오션 속에 또 블루오션을 찾는 사람들이 있다. 커피는 이제 많은 사람에게 물을 마시는 것처럼 익숙한 음료가 되었다. 하루에 한 잔 이상은 마시는 전 국민의 기호 식품이다. 커피를 마시지 않는 사람을 찾기 어려울 정도이니 말이다.

그러면 커피 창업 시장은 코로나 시대 이후 어떻게 변했을까? 커피 시장도 역시 테이크아웃 커피숍과 외곽에 위치한 대형 브런치 카페 형태로 양극화되어 가고 있다. 대기업들은 끊임없이 고객을 분석하고 타깃에 맞는 아이템을 개발한다. 그리고 고객들의 요구에 맞춰 3,500~6,000원 하던 커피를 테이크아웃 매장에서는 한 잔에 1,000~2,000원대까지 낮추었으며, 커피의 양도 늘렸다. 그들은 치열한 경쟁 속에서 가성비를 찾는 고객들에 발맞추어 차별화된 아이템과 콘셉트로 승부했고 그 콘셉트는 전국으로 퍼져 나갔다. 창업자들은 소자본으로 시작할 수 있고, 고객들은 가성비가 좋은 커피를 선호하기 때문에 잘 될 수밖에 없다 . 역시나 돈이 된다 싶으면 많은 프랜차이즈 회사가 너도 나도 브랜드를 만들어 세상으로 밀어낸다. 유행에 뒤처진 카페는 가성비가 높은 테이크아웃 커피 전문점의 등 뒤에서 서서히 사라지고 있다.

이렇듯 커피라는 아이템이 성장함에 따라 커피 판매 시장도 성장한다. 시대 흐름에 따라서 판매하는 형태가 변하고 끊임없이 커피 사업을 성장시키며 앞으로 나아가고 있다. 코로나 이후 커피 판매점의 형태는 또다시 변하고 있다. 바로 무인 카페가 늘고 있다는 것이다. 무인 판매와 비대면이 익숙해지는 세상이 오면서 커피 시장도 무인 카페로 진출하며 또 다른 변화를 시도 중이다. 로봇이 커피를 제조하는 로봇 카페도 생기고 있고, 24시간 무인 커피 전문점도 하나둘 늘고 있다.

아직까지 고객을 직접 대면하지 않는 무인 시스템이 낯설고 생소하게 느껴질 수 있지만, 지금은 많은 업종에서 무인 시스템을 도입해 인건비 상승에 대비하고 있다. 커피 시장의 성장 및 발전하는 과정을 지켜보며 초기에 가파르게 성장하는 무인 창업은 그저 코로나로 인한 유행으로 잠시 지나가는 것이 아닌 앞으로 지속해서 성장할 사업이라는 것을 알 수 있었다. 삶이 이미 변했고 습관도 바뀌었기에 사람들은 코로나가 사라져도 지금의 편리함을 크게 바꾸지는 않을 것이다.

그렇다면 지금 무인 창업을 준비하거나 사업을 하고 있다면, 더 값싼 제품을 지속적으로 제공할 수 있는지에 대해 고민해야 한다. 누구나 쉽게 브랜드를 만들 수 있는 밀키트, 아이스크림, 애견용품점 또는 시설 사업 아이템들은 동네가 포화 상태가 될 때까지 지속적으로 생겨날 것이다. 다른 창업처럼 친절과 서비스를 통해 단골을 만들 수 있는 것도 아니고, 오로지 제품으로 경쟁해야 한다. 그러나 밀키트 전문점을 예로 든다면, 맛은 너무 주관적이기에 특별히 더 맛있거나 맛이 없거나 하기는 힘들다. 이미 식당에 판매되는 형태의 음식을 소비자용 밀키트로 전환했을 뿐이다. 그리고 요즘은 어지간하면 다 맛있다.

그렇다면 무인 창업은 어떤 차별성을 줄 수 있을까? 그것은 바로 온라인을 통한 마케팅과 키오스크 프로그램을 이용한 고객 관리 그리고 자신만의 비대면 서비스를 적극적으로 활용해야 한다. 더 이상 가격으로 경쟁할 수만은 없다. 밀키트 전문점이라면 재료를 남들보다 더 듬뿍 넣어 준다든지, 포인트 적립 프로그램을 이용해서 재방문할 수 있도록 지속적으로 연구하고 관리해 나가야 한다. 같은 아이템을 팔고 있어도 사장이 어떤 마인드로 운영하느냐에 따라 매출의 차이는 커질 것이다.

장사의 기본은 고객에게 어떤 감동을 줄 것인가를 고민하는 것이다. 그것만으로도 차별성을 줄 수 있다. 모든 사장이 다 그렇게 하지는 않기 때문이다. 무인 창업을 준비하면서 그냥 차려 두고 청소만 하면 된다는 안일한 생각으로 시작하지 말자. 그렇게 한다면 생계를 걸고 치열하게 경쟁하는 자영업자들 속에서 망할 수밖에 없다. 그러니 부업이던 전업이던 간에 자신의 아이템과 서비스로 고객에게 어떤 감동을 줄 것인지 끊임없이 연구해서 차별성을 갖추자. 그렇지 못하면 성공할 수 없다는 것을 명심하라.


## 🔍 무인 창업 핵심 아이템 둘러보기

사실 무인 창업은 최근에 생긴 창업 시스템이 아닌 이전부터 있었던 사업 방식이다. 단지 코로나 이후 집합 금지와 사람 간 접촉을 최소화하기 시작하며 비대면 시스템에 관심이 높아지기 시작했을 뿐이다.

우리에게 가장 익숙한 무인 창업으로는 자판기가 있다. 자판기 사업은 오래 전부터 무인 시스템으로 운영되었다. 그밖에도 유명한 학원가나 유흥업소 근처에서는 인형 뽑기, 셀프 사진관 그리고 365일 은행 ATM 기기 등이 있어 자연스럽게 이용하고 있었다. 이처럼 코로나 이전부터 무인 시스템은 알게 모르게 우리 생활에 밀접하게 자리 잡고 있었다. 최근에는 밀키트 전문점, 스터디카페, 아이스크림 할인점, 셀프 빨래방, 카페, 편의점, 애견용품점, 건어물점, 사진관, 문구점 등 셀 수 없이 많은 분야에서 무인화 사업이 성장하고 있다. 그렇다면 각각의 아이템이 가지고 있는 장단점에 대해 자세히 알아보자.

먼저 무인 창업 열풍의 선두 주자는 밀키트 전문점이다. 이 사업은 사람들이 생활하기 위해 꼭 필요한 의식주를 기본으로 하는 업종이다. 그래서 밀키트 사업은 경기와 계절을 가장 적게 탄다는 장점이 있다. 또한, 현대 사람들은 점차 맞벌이 부부가 많아지고, 혼자사는 인구도 늘어나는 추세이다. 하지만 매번 외식하기에는 부담이 될 수 있다. 반면 밀키트는 집에서 간단하게 조리만 해도 맛있는 음식을 먹을 수 있다. 또한, 밀키트는 기존에 파는 레토르트 음식과는 차별화된다. 레토르트 음식은 완제품이기 때문에 맛이 떨어질 수 있지만, 밀키트 제품은 손질된 재료를 곧바로 넣어 조리할 수 있기에 맛이 훨씬 좋다. 재료 손질도 매장에서 직접 하기 때문에 신선한 재료를 소비자에게 제공할 수 있어서 더욱 더 만족도가 높다. 거기에 식당에서 외식하는 것보다 저렴한 비용으로 푸짐하고 신선하게 음식을 먹을 수 있다. 현대인의 생활 패턴과도 잘 맞는 밀키트 매장은 1년도 안 되어 전국에 수백여 개가 생기고 있다.

그러나 어떤 사업에도 단점은 있다. 밀키트 전문점의 단점은 재료를 손질해야 하는 시간이 많아 부업으로 운영하기에는 힘들다는 점이다. 특히, 초보 점주들은 주방 경험이 풍부하지 않고, 그로 인해 직원을 고용하다 보면 수익률이 그다지 높지 않은 매장도 생겨난다.

때로는 재료를 너무 아끼거나 신선하지 않은 재료를 사용하다가 인심을 잃어 망하기도 한다. 밀키트 사업은 주부를 상대로 하는 아이템이기 때문에 동네에서 신뢰를 잃으면 망하기 쉽다. 그러니 직원을 채용한다면 직원 관리가 철저해야 하고, 재료 원가도 꼼꼼히 따져야 한다. 무엇보다 밀키트 사업에 알맞은 좋은 입지에 들어가지 못하면 오히려 손해를 볼 수 있다.

밀키트 시장이 성장하면서 대기업에서도 적극적으로 뛰어들고 있다. 각종 밀키트들이 대형 마트나 편의점, 인터넷 쇼핑몰 등을 통해 판매되고 있어서 앞으로도 더욱 더 경쟁이 치열해질 것이다.

어떤 매장이라도 처음에는 매출이 나오다가 동네에 한두 개씩 비슷한 매장이 오픈할 때마다 매출이 감소하는 것은 당연한 현상이다. 특히, 동네에 새로운 가게가 오픈하면 맛을 보고 싶어서 사람들이 몰려든다. 그러니 맛과 종류 그리고 자기 브랜드만의 콘셉트가 확실한지, 지역 고객의 연령대에 맞는 아이템인지 등을 고려해서 경쟁력을 갖추지 않으면 살아남기가 쉽지 않다.

다음으로 무인 아이스크림 할인점은 3,000~5,000만 원 미만으로 창업할 수 있는 아이템으로 임대료가 저렴한 동네 상권마다 하나씩 생겨나고 있다. 일단 투자금이 낮아 진입 장벽이 낮고, 물건을 본사에서 알아서 채워 주기 때문에 점주들은 청소 및 재고 관리만 하면 된다는 장점이 있다.

이렇게 간단한 업무만 보는 일로도 창업을 할 수 있기 때문에 N잡 창업으로도 인기가 높았다. 하지만 반대로 진입 장벽이 낮으면 폐업률도 그만큼 높다. 특히 무인 아이스크림 할인점은 편의점처럼 입지가 매우 중요하다. 유동 인구가 많지 않고, 학교나 아이들이 많지 않은 지역을 선택한다면 실패할 확률이 높다. 무엇보다 저렴한 창업 비용에 혹해서 쉽게 창업하면 오히려 원금을 회수하는 데 오랜 시간이 걸려 포기하는 경우가 많다.

이와는 조금 다르게 스터디카페나 셀프 빨래방 창업은 판매업이 아니라 시설 사업이라 투자금이 다른 무인 창업에 비해 많이 든다. 1억~3억 원까지 높은 투자금으로 진입 장벽이 높지만, 웬만한 지역에는 건물마다 입점된 것을 볼 수 있다. 고소득 직장인이나 40대 이상 창업주들에게 가장 인기 있는 아이템으로 다른 업종보다는 노동량이 적고, 시설만 갖추면 더 이상 원가가 들어가지 않는 게 가장 큰 장점이다. 그래서 투자금이 있는 창업자들은 안정적인 시설 투자를 선호하는 편이다.

그러나 최근 들어 한 지역에 너무 많은 매장이 입점하며 경쟁이 치열해지고 있다. 특히 학원가처럼 입지가 좋은 곳은 스터디카페가 한 건물에 두세 개씩 있는 곳도 있다. 그래서 높은 초기 시설비에 비해 원금 회수 기간이 길어지며 원금 회수를 하는데 2~3년 이상 소요되기도 한다. 시설 사업은 새롭게 시설을 꾸미고 들어오는 신규 점포를 따라가기가 힘들다. 그러다보면 점점 수익도 낮아져 결국 손해만 보고 그만 두는 경우도 많으니 초기에 너무 많은 투자금이 들어가는 업종은 원금 회수 기간을 따져 보고, 투자 금액을 정한 후 신중하게 투자해야 한다.

그리고 스터디카페나 셀프 빨래방은 10년 전부터 이미 무인으로 운영되어 왔기 때문에 이제는 프리미엄 단계로 넘어 갔으며 창업 비용은 더 높아지는 추세다. 만약 후발 주자로 오픈 계획이 있다면 입점하려는 지역에서 현재 운영 중인 동일한 아이템의 현황 분석이 철저하게 이루어져야 한다. 빨래방 역시 이미 프리미엄 브랜드들이 자리 잡고 있고, 넓은 매장에 기계도 기본 이상의 사양으로 구비한 매장이 많아졌다. 그런 지역에 창업할 때는 현재 운영하고 있는 곳보다 더 나은 서비스와 경쟁력을 갖추어야 함은 당연하다. 하지만 그러기 위해서는 더 많은 돈을 투자해야 한다. 그럴 때는 원금을 회수할 수 있는 기간을 충분히 고려하고, 수익을 낼 수 있는 수요 조사도 꼼꼼히 해야 한다. 초보 창업자라면 이미 포화 상태인 지역에서 치열하게 경쟁하기보다는 아직 진입하지 않은 지역을 찾아서 선점하는 것을 추천한다.

애견 관련 무인 사업은 애견 무인 셀프 목욕장, 애견용품점 등 다양하게 확대되고 있다. 요즘 1인가구의 증가 및 출산율 저하로 인해 애완동물을 키우는 인구가 약 1,500만 명(2020년 통계청 기준)이고, 현재 반려 시장 규모는 5조 8,000억 원에 달한다고 한다. 애견 사업은 지속적으로 성장하는 사업이기 때문에 무인 창업 분야도 앞으로 더욱 활성화될 것이다. 애견 산책을 많이 시키는 산책 코스 진입로나 공원 인근에 24시간 무인 애견용품점을 오픈한다면, 고객들은 퇴근 후에 애완동물을 산책시키며 필요한 물품을 살 수 있을 것이다.

서비스의 편의성과 함께 매장의 입지를 잘 선택해서 창업한다면 좋은 성과를 얻을 수 있다.

이렇게 성장하는 아이템과는 반대로 몇몇 업종들은 점차 축소하는 추세이고 앞으로 사라질 가능성이 높다. 예를 들어, 20년 전에는 활황이었지만, 지금은 거의 사라진 사진관이나 음반 가게, 비디오 가게를 생각해 보자. 이들은 모두 사회 변화에 따라 빠른 속도로 시장에서 사라진 사업들이다. 아직은 명맥을 유지하지만 지금도 우리 곁에서 조금씩 사라지는 사업이 있다. 예를 들어, 동네마다 곳곳에 있었던 작은 슈퍼를 생각해 보자. 집 앞 5분 거리마다 무조건 한두 개는 있었던 동네 슈퍼들은 편의점에 밀려서, 새벽 배송과 집 앞까지 배달해 주는 대형 마트에 밀려 점점 사라지고 있다. 실제로 주변을 살펴보면, 예전에 비해 소규모 슈퍼가 눈에 띄지 않는다. 이처럼 변화하는 사회 시스템과 우리 주변을 눈여겨 살펴본다면 어떤 업종의 아이템을 선택해야 할지 스스로 판단할 수 있다.

무인 창업을 시작할 때 아무리 부업이라도 대충 알아보고 시작하면, 투자한 금액을 회수도 못 하고 시간만 낭비할 수 있다. 가장 중요한 아이템 선정에 앞서 시대의 흐름과 사회의 변화 방향 등에 관한 사전 조사와 공부를 충분히 하자.

## 🔍 자신의 목표 수익에 맞는 아이템 고르기

사람들은 이렇게 다양한 이유로 자영업을 시작하지만, 처음 장사를 시작하려는 동기에 따라 이미 성공이 정해졌다고 해도 과언이 아니다.

일화를 통해 알아보자. 어느 마을에 교회를 짓고 있는데 석공 3명이 돌을 깎고 있었다. 한 석공에게 다가가 "당신은 왜 이 일을 합니까?" 하고 물었더니 "보면 모르겠소? 먹고살기 위해서 어쩔 수 없이 하고 있잖소."라고 대답했다. 그리고 두 번째 석공에서 물었다. "아버님이 이 일을 했고, 나도 어려서부터 해본 일이 이것 밖에 없어서 돌을 깎고 있소."라고 대답했다. 마지막 세 번째 석공에게 물었다. "나의 돌이 교회의 디딤돌이 되어 멋진 교회가 세워질 것이니 나는 지금 돌을 깎고 있는 것이 아니라 교회를 세우고 있는 것이오."라고 대답했다. 같은 일을 하더라도 모두 다른 생각으로 임하고 있다. 과연 어떤 생각을 가지고 일하는 사람의 능률이 가장 높을까?

장사도 마찬가지이다. 우리는 마음가짐에 따라 매일 다른 일을 하고 있다. 어쩔 수 없이 일을 하는 사람과 가치 있는 일을 하는 사람은 결과도 다를 것이고, 일하는 과정에서 보람이 있다고 느끼는 사람은 매일 최선을 다해서 즐겁게 일을 할 것이니 더 좋은 결과가 나올 것이다.

장사를 시작해서 많은 돈을 벌고 싶다고 생각하는 사람은 힘들어도 돈이 되는 아이템을 찾을 것이다. 그리고 나중에 자신만의 브랜드를 만들어야겠다고 목표한 사람은 힘든 일을 겪어도 잘 이겨내면서 지금은 힘든 과정일 뿐이라고 생각하고 더 노력할 것이다. 그러니 성공을 목표로 시작한 사람은 반드시 성공할 수밖에 없다. 목표를 달성할 때까지 노력할 것이기 때문이다.

하지만 취업하기 어려워서, 다른 일을 구하기 힘들어서 어쩔 수 없이 장사를 시작했다면, 자신의 적성에도 맞지 않은 일을 하고 있으니 어려움이 닥치면 핑계를 대면서 포기하기 쉽다. 그러니 장사로 성공하고 싶은 사람들을 이길 수 없다. 그리고 자신이 하고 싶은 것을 알아보기보다는 쉽게 돈을 벌 수 있는 아이템을 찾을 것이다. 그러다보면 돈에 맞는 아이템을 찾아야 하니 좋은 입지에서 시작하기도 어렵다. 처음부터 장사가 잘 되지 않으니 일이 재미있지도 않다. 일이 재미없으니 잘할 수도 없고, 돈도 벌리지 않으니 열심히 일하기도 힘들다. 그렇게 억지로 출근하면 고객에게 여유 있는 마음으로 대하기도 어렵다. 이렇게 가진 돈을 모두 잃을 때까지 악순환은 반복된다. 고객들은 사장의 표정만 봐도 그 가게가 잘 되는 곳인지 아닌지 알 수 있다. 장사는 자신이 선택한 것이고, 누가 시켜서 한 것도 아닌데 억지로 일을 하다 보면 곧 망한다. 창업의 가장 큰 목적은 돈을 벌기 위함이지만, 정말 자신이 몰두하여 열심히 할 수 있는 일인지에 대해서도 깊이 생각해 봐야 한다. 창업을 준비하기에 앞서 사업을 하다가 어려운 상황에 처하면 어떻게 이겨낼 것인지도 미리 고민해 보는 것이 좋다. 그렇게 자신이 가려는 인생의 방향과 창업이 같은 선 위에 있는지 꼭 확인하자. 창업을 시작하고 난 후에는 돌이킬 수 없기 때문이다. 그렇게 자신의 마인드와 목표를 확인했다면, 이제 그 목표를 실현시켜 줄 아이템을 고르면 된다.

매달 1,000만 원 순수익을 목표로 한다면 그에 맞는 계획을 세워보자. 예를 들어, 일 매출 150만 원을 벌면 월 매출 4,500만 원이다. 여기에서 '원가+고정비+인건비' 등을 제하고 나면 약 1,000만 원이 남는다. 이렇게 계획을 세운다면 일 매출을 150만 원 이상 올릴 수 있는 입지와 아이템을 선택해야 한다. 실제로 일 매출을 목표만큼 올릴 수 있는 상권과 아이템인지 분석하고 시작하면 목표한 금액을 이루는 일이 가능하다.

장사를 하면서 돈을 못 버는 사람들은 일일 목표 관리를 하지 않는다. 고객이 없으면 오늘 날씨가 흐려서, 아니면 오늘 비가 와서 등 날씨 탓만 하면서 손님이 없어도 하루를 그냥 보낸다. 자영업자들이 가장 많이 하는 말 중 하나는 손님이 없는 날도 있고 있는 날도 있다는 말이다. 꾸준히 돈을 잘 버는 사장은 방문객 수를 늘리기 위해 홍보나 이벤트 그리고 고객 관리를 통해 매출을 꾸준히 올린다. 그러나 그렇지 않은 사장들은 사람이 없는 날은 걱정만 하고 왜 손님이 없는지에 대해서는 고민하지 않는다. 그러다가 서서히 고객이 떨어져 문을 닫게 된다. 만약 매출이 떨어지기 전에 고객 수가 점점 줄어든다면, 반드시 문제가 있는 것이니 어디에 문제가 있는지 알아보고 확인해야 한다. 문제를 해결하지 않으면 매장의 매출이 오를 수 없다.

예를 들어, 붕어빵을 팔아서 한 달 순수익이 최소 200만 원은 되어야겠다고 생각했다면, 한 달에 얼마를 벌어야 하는지 알고 있어야 한다. 원가가 30%라고 가정하고 자리세가 30만 원이라면 월 매출 350만 원을 벌어야 자신이 원하는 순수익 200만 원을 벌 수 있다는 계산이 나온다. 붕어빵 장사는 거의 혼자서 일하니 주 6일 일하고 하루에 13만 5,000원을 벌어야 원하는 소득을 얻을 수 있다.

그런데 장사가 잘 되는 날도 있고, 안 되는 날도 있다고 생각하는 사람들은 매달 일정한 소득을 벌어 가기 어렵다. 일일 목표가 13만 5,000원인데도 퇴근 시간을 정해 두고 팔리지 않으면 그냥 퇴근한다. '내일 더 벌면 되지' 하고는 하루를 그냥 넘긴다.

그러나 반드시 13만 5,000원을 벌어야 한다고 생각하는 사람은 하루에 10만 원을 벌었다면 남은 3만 5,000원을 달성하기 위해서 2,000원어치 사려는 사람들에게 서비스를 얹어 주면서라도 더 팔기 위해 노력할 것이다. 그럼에도 2,000원어치만 사는 사람들도 있지만 간혹 어떤 사람은 5,000원어치를 사기도 한다. 아무런 노력을 안 하면 그 이상의 매출을 기대할 수 없지만, 한 마디라도 해 본다면 더 사겠다고 하는 사람이 왜 없겠는가?

오가는 사람이 유난히 한적한 날이라도 오는 사람들한테 이벤트를 해서 단가를 올리려고 노력하면 반드시 매출은 오른다. 월 1,000만 원을 벌 수 있는 아이템이 따로 있는 것은 아니다. 자신의 아이템을 가지고 어떤 목표를 세워서 장사하는지가 더 중요하다.

단가가 1,000~2,000원 하는 아이템을 선택했다면 유동 인구가 많은 좋은 입지가 아니면 일 매출을 달성하기가 힘들 것이다. 유동 인구가 많은 곳은 또 경쟁이 치열하다. 그곳에서 판매하면서 사람들을 끌어들일 방법은 무엇인지 어떤 아이템을 팔 것인지는 모두 당신의 선택에 따라 결과가 달라진다. 신규 고객을 모으는 데 얼마나 홍보를 잘하고 이렇게 모은 사람들이 다시 재방문할 수 있도록 단골을 만드는 데 얼마만큼 노력했는지에 따라 매출이 정해진다.

매달 얼마를 벌고 싶은지조차 생각하지 않고 시작하는 사람들에게는 월 1,000만 원은 아주 먼 이야기로 들릴 수 있다. 그러나 벌고자 마음먹고 벌 수 있는 방법을 찾으면 반드시 그 이상도 벌 수 있다.

## 🔍 아이템에 딱 맞는 입지를 찾는 법

장사를 성공으로 이끄는 입지가 과연 따로 있을까? 그럴 수도 있고 아닐 수도 있다. 요식업을 예로 들어 보자. 앞서 이야기한 대로 우리가 알고 있는 대부분 맛집은 대부분 골목길 안의 오래된 상가 건물에 있거나 간판을 찾기 어려운 동네에 있다. 동네에서 오랫동안 운영해 온 식당이거나 입소문으로 간판도 없는 허름한 집인 경우도 많다. 모든 맛집이 주요 상권의 번화가에 노출이 잘 되고 눈에 잘 띄는 곳에 있지는 않다.

이처럼 대박 가게는 홍보하지 않아도 사람들이 알아서 줄을 서서 먹는다. 그런 가게들의 특징은 첫째, 맛이 좋다. 처음 먹으면 그냥 평범한 맛으로 느껴질 수도 있지만, 먹다 보면 특유의 맛을 느낀다. 조미료를 쓰지 않아 처음에는 특별함을 못 느끼다가 먹을수록 재료의 참맛이 우러나 나중에 생각나는 맛을 낸다. 둘째, 가격이 착하다. 대부분 맛집이 비싼 경우는 자주 가기 어렵지만 가격 대비 양이 많다거나 푸짐해서 비싸다고 느끼지 못할 만큼 만족을 준다. 셋째, 전단지를 돌리지 않는다. 오랜 시간 꾸준한 맛을 유지하면서 사람들의 입소문으로 유명해진 맛집은 경기를 타지 않고 꾸준히 사람들이 줄을 서서 먹기 때문에 굳이 전단지를 돌릴 필요가 없다.

대박 가게라고 해도 30년 원조, 집안 대대로 물려받아야 하는 레시피가 있어야 하는 것은 아니다. 사람들이 매장을 찾아오게 하는 나만의 전략으로 운영하는 곳도 많다. 최근에 많은 인기를 끄는 베이커리 카페들만 해도 도심 근교에 멋진 인테리어로 대형 카페를 꾸미며서 사진 찍을 장소를 찾아다니는 젊은 세대와 여행에 목마른 사람들에게 힐링할 수 있는 장소를 제공한다. 이런 카페들 중 몇몇은 주말에 발 디딜 틈도 없이 유명세를 타고 있다. 물론 빵도 맛이 있지만, 분위기로 사람들을 모으는 곳들이 점점 늘고 있다.

도심 외곽에 위치한 베이커리 카페들이 요즘은 도심으로 들어오기 시작했다. 카페 거리로 유명한 성수동의 오래된 공장을 리모델링해서 꾸며진 카페들도 사람들이 몰린다. 일명 대박 가게는 입지보다는 특별한 맛이나 콘셉트가 확실한 인테리어 아이디어로 사람들을 찾아오게 만든다.

반면에 단순히 상권 분석을 잘해서 대박을 내는 매장들도 있다. 한 달에 1억 원 이상 수익을 내는 반포지하 상가에 있는 천 원짜리 초밥집도 있고, 연신내역에 있는 카페는 일 매출 800만 원을 내기도 한다. 그리고 작은 매장에서 일 매출 500~600만 원씩 내는 편의점도 있다. 이런 가게들은 아이템도 아이템이지만 모두 입지를 잘 분석했기 때문에 가능한 매출이다. 전국에 편의점이 한두 개도 아닌데 왜 일부 매장만 잘 될까? 물건도 동일한데 어떤 편의점은 일 매출

116

이 500~600만 원이고, 어떤 편의점은 일 매출이 50만 원도 안 된다. 그리고 같은 동네에 편의점이 여러 개씩 있는데 거기서도 일 매출의 차이가 많이 난다. 즉 한 동네 안에서도 입지가 다르고, 아이템에 따라 좋은 입지가 따로 있음을 알 수 있다. 예를 들어, 주변에 사무실이 많으면서 유동 인구가 많은 곳이 좋은 입지지만, 100m도 떨어지지 않은 상가들끼리의 일 매출은 차이가 난다. 그 이유는 고객의 동선에 따라 노출되는 정도가 다르기 때문이다. 바로 주 동선이 중요하다는 것이다. 주 동선은 앞에서 언급했듯이 파리바게트의 입지나 편의점의 입지를 보고 분석하면 많은 도움이 된다.

밀키트 전문점도 입지가 중요한 사업이다. 밀키트 전문점은 단순히 동네에 있는 다른 브랜드와의 경쟁뿐만 아니라 대기업 등 더 큰 시장과도 경쟁해야 한다. 온라인에서도 밀키트 제품이 다양하게 판매되고 있으며 앞으로 관련 시장도 점점 커질 예정으로, 소규모 오프라인 창업자들은 대규모 시장의 틈을 잘 파고들어 살아남을 전략을 세워야 한다. 준비 단계부터 입지 및 상품성, 차별화된 메뉴를 지속적으로 개발하면서 끊임없이 성장할 수 있어야 한다.

밀키트 역시 음식을 파는 업종이라서 맛과 신선한 재료가 무엇보다 중요하다. 그 다음으로 중요한 것이 경쟁력 있는 가격과 매장의 위치다. 그렇다면 무인 밀키트 전문점은 어떤 입지에 오픈하는 것이 적합할까? 밀키트는 식당과는 다르게 특별한 맛을 찾아 멀리서도 오는 아이템이 아니다. 마트에서 장 보듯이 구입하는 형태이기 때문에 생활형 상권이 가장 적합하다.

무인 창업은 고객에게 친절한 서비스를 제공해서 단골을 확보하는 것보다는 맛과 편리함을 강조해야 하는 사업이다. 그러다보니 사람들이 많이 오가는 노출 효과가 좋은 곳에 입점해야 안정적인 매출을 유지하면서 소득을 낼 수 있다. 편의점처럼 거주자들의 주 동선에 잘 노출되는 동시에 주변에 대형 마트나 유명한 과일 가게가 있어서 유동 인구가 많은 곳이라면 더 좋다. 하지만 상권이 좋고 입지가 좋은 생활형 상권은 대부분 권리금이 형성되어 있다.

예를 들어, 10평대 매장을 권리금 8,000만 원, 보증금 3,000만 원, 임대료 200만 원에 오픈했다고 하자. 그랬더니 일 매출이 100만 원 정도 유지되었다고 하면 월 3,000만 원 매출에서 원가가 50%인 1,500만 원, 임대료 및 부대 비용이 300만 원, 직원 인건비가 200만 원 그 외에 비용이 150만 원 정도 지출될 것이다. 그러면 투자금 1억 1,000만 원(권리금 8,000만 원 + 보증금 3,000만 원)에 창업 비용 4,000만 원(무인 매장을 위한 평균 창업 비용) 정도인 약 1억 5,000만 원을 투자해서 월 850만 원의 순수익을 벌어들인다. 그러면 추후 돌려받는 보증금과 권리금을 제하고 6개월 정도면 원금을 회수할 수 있다.

그 이후에도 월 850만 원의 소득을 유지할 수 있다면, 굉장히 성공적인 결과를 얻을 것이다. 보통은 자영업자들이 12시간 넘게 일하고도 벌기 힘든 매출을 무인 매장을 통해 벌어들일 수 있다.

반면, 밀키트 사업으로 모두 이런 수익을 내는 것은 아니다. 많은 창업자가 서브잡 개념으로 창업하기 때문에 임대료가 낮은 곳을 선호하고 투자금이 적게 들기를 원한다. 그러다보니 주 동선에서 조금 떨어진 권리금도 없고 임대료도 저렴한 곳에 오픈하기 일쑤이다. 예를 들어, 보증금 2,000만 원에 임대료 120만 원이고, 창업 비용은 동일하게 4,000만 원이 든다고 하자. 하지만 유동 인구가 많지 않은 그저 그런 상권에 오픈한 매장은 일 매출 20~30만 원 정도를 벌 수 있다. 일 매출 20만 원으로 가정했을 때 월 매출은 600만 원, 임대료와 원가 등을 모두 공제하고 나면 월 순수익은 130만 원 정도이다.

똑같은 아이템이지만 어디에 매장을 오픈하는지에 따라 월 순수익이 달라진다. 유동 인구가 많은 상권 좋은 곳에 오픈한 매장의 A씨의 초기 투자금은 총 1억 5,000만 원(보증금, 권리금, 창업비)이고, 유동 인구가 적은 곳에 오픈한 B씨 매장의 초기 투자금은 6,000만 원이다. 투자금은 2.5배 차이가 나지만 순수익은 약 6~7배 차이가 난다. 그러면 장기적으로 봤을 때 어떤 입지를 선택해야 할지 알 수 있다. 무인 창업에서 입지 선정은 정말 중요하다. 그리고 입지를 말해 주는 기준인 권리금과 임대료가 사업하는 데 얼마나 중요한지 잊지 말자.

다음으로 무인 아이스크림 할인점을 예로 들어 보자. 무인 아이스크림 할인점은 1,500~2,000만 원이 안 되는 비용으로 비교적 저렴하게 오픈할 수 있는 아이템이다. 그만큼 소자본 창업을 원하는 사람들이 선택하기 때문에 매장 안에 또 다른 매장을 만드는 숍인숍이나 보증금과 임대료가 낮은 상가에 많이 오픈한다. C씨 역시 창업 비용 2,000만 원에 보증금 1,000만 원, 임대료 80만 원 정도의 상가를 얻어 일 매출 10~15만 원 정도를 유지하고 있다. 그러면 월 매출 300~350만 원에서 원가율 35~40%인 약 120만 원을 빼고, 임대료 80만 원, 전기세 등 기타 비용 20~30만 원까지 제하고 나면 약 80만 원에서 90만 원 정도의 수입이 들어온다. 그래도 창업 비용 3,000만 원을 들여서 월 소득 80~100만 원이라면 나쁘지 않은 사업이라고 생각할 수 있다.

그러나 D씨는 아이스크림 할인점은 소득이 높지 않다는 편견을 깨고 입지 분석을 통해 대단지 아파트 상가에 보증금 5,000만 원, 임대료 200만 원, 권리금 2,000만 원 그리고 창업 비용 3,000만 원을 투자해서 총 투자금 1억 원으로 무인 아이스크림 할인점을 시작했다. 그리고 모든 비용을 제외하고 알바까지 쓰면서 월 순수익 500만 원을 벌고 있다.

이번 사례에서도 알 수 있듯이 보증금과 권리금은 나중에 받을 수 있는 돈이니 실제 투자금 차이는 1,000만 원 정도인데 순수익은 5배나 차이가 난다. 보증금, 권리금도 모두 포함해서 3,000만 원 투자와 1억 원 투자의 차이를 비교해 봐도 투자금은 3배의 차이이지만, 순수익은 5배 정도의 차이를 보일 것이다.

두 가지 사례를 예로 들었지만, 실제로 많은 매장이 투자금을 줄이기 위해 좋지 않은 입지를 선택해서 실제로 같은 노력을 해도 소득의 차이가 크게 나는 실수를 범한다. 물론, 적은 투자금으로 월에 100만 원 정도를 버는 것도 은행에 돈을 넣어 두고 아무 것도 안 하는 것보다 투자 수익은 높지만, 이왕이면 노력한 만큼 최고의 수익률을 내는 것이 좋지 않을까. 사업에서 입지를 선정할 때 고려해야 할 것은 임대료와 권리금이다. 결국은 임대료와 권리금이 상권을 말해 주는 지표이기 때문이다. '돈이 돈을 번다'는 말은 자영업에서도 크게 벗어나지 않는다.

## 🔍 연쇄적인 수익을 불러오는 창업 시스템

상위 1%의 대기업 프랜차이즈는 전국 매장을 직영으로 운영한다.

왜일까? 바로 성공 시스템을 적용한 수많은 매장이 서로 연결되어 끊임없이 소득을 만들어 내기 때문이다. 예를 들어 프랜차이즈 대기업들은 아이템을 가지고 샘플 매장 하나를 오픈한다. 그 매장에서 회원 모집, 회원 관리, 마케팅 등 많은 테스트를 거쳐 1년여의 시간 동안 데이터를 만든다.

이렇게 매뉴얼이 갖추어지면 다음 해에는 10개의 매장을 동시에 오픈한다. 그 이후에 오픈하는 매장들은 점점 빠르게 자리를 잡으며 수익을 만들어 내기 시작한다. 첫 매장이 자리 잡는 데 6개월에서 1년이 걸렸다면 그 다음에 오픈한 10개의 매장은 3개월 이내에 자리를 잡는 식이다. 테스트 매장을 통해 1년 동안 평판을 만들고 브랜드를 만들어보며 노하우가 쌓였기 때문이다.

그렇게 10개의 매장에서 한 달에 한 매장 당 평균 2,000만 원의 순수익이 벌린다고 가정해 보자. 그러면 1년에 한 개의 매장에서 2억 4,000만 원의 수입이 생기고, 10개 매장이면 24억 원의 순수익을 벌어들인다. 그러면 매장이 100개라면 240억 원 그리고 400개 매장이면 약 1000억 원의 순수익을 버는 대기업 회사가 된다. 과연 이런 성공 시스템은 자본이 많은 대기업만 가능한 사업 구조일까?

이러한 대기업 프랜차이즈의 성공 시스템을 보고 어떻게 하면 평범한 사람들도 연쇄 창업을 통해 경제적, 시간적 자유를 누릴 수 있을지 고민해 보았다. 그러다가 위험 부담이 큰 유인 창업보다 무인 창업을 활용하면 가능하다는 것을 알게 되었다. 앞서 말했던 무인 창업의 세 가지 장점을 다시 살펴 보자.

첫째, 고정비에 대한 리스크가 없다. 둘째, 소자본 창업이 가능하다. 셋째, 누구나 창업이 가능하다. 그래서 위험 부담이 적고 특히 유인 창업에서 가장 힘든 요소인 직원을 고용할 필요가 없다. 이런 무인 창업의 장점 때문에 무인 연쇄 창업을 통해 무한 소득을 만들어 낼 수 있다. 만약 3,000만 원의 창업 자금이 있다고 가정해 보자. 무인 창업은 소자본 창업이 가능하기 때문에 3,000만 원으로 스튜디오 렌탈 창업을 시작할 수 있다. 그러면 한 달에 약 100~300만 원까지 벌 수 있고, 평균 200만 원의 순수익을 낼 수 있다. 이렇게 1년이면 2,400만 원을 모을 수 있다. 그러면 14개월쯤이 되면 3,000만 원짜리 매장을 하나 더 오픈할 수 있다. 그러면 처음 매장을 오픈할 때보다는 경험이 많아졌기 때문에 첫 매장보다 매출을 더 빨리 올릴 수 있게 된다.

그렇게 두 개의 매장에서 한 달에 각각 300만 원 정도를 벌 수 있다면, 이제는 5개월이면 3,000만 원을 모을 수 있다. 그러면 또 다른 매장을 다시 오픈한다. 이렇게 하면 새로운 매장을 오픈하는 속도가 점점 더 빨라진다. 이런 방식으로 매장을 10개로 늘린다고 생각해 보자.

　모든 매장이 동일한 매출을 올릴 수 없으니 평균 200만 원을 번다고 가정하면, 10개 매장에서 한 달에 약 2,000만 원을 벌고, 1년에 2억 4,000만 원의 돈을 벌 수 있다.

　이게 바로 상위 1%의 대기업 프랜차이즈인 메가스터디, 스타벅스 같은 회사들이 모두 직영으로 운영하는 무한 연쇄 창업 시스템이다. 그런데 평범한 사람들도 이런 시스템을 이용한다면 무한대의 소득을 만들어 낼 수 있다. 이렇게 수입이 높아지면 여유 자본으로 건물을 사서 자산을 더 빠르게 늘릴 수도 있다. 이게 바로 위험 요소를 줄이고 창업하는 무한 연쇄 창업의 핵심이다.

　이런 시스템이라면 10개의 매장 중 한 개의 매장이 망했다고 해도 수입이 조금 줄어들뿐 생활에 큰 문제가 생기지 않는다. 하지만 큰돈을 들여 하나의 매장을 겨우 운영한다면 어떠했을까? 게다가 직원들이 많다면 직원 관리도 쉽지 않을 것이고 매출은 높지만 순수익이 많지 않을 것이다. 그리고 하나의 매장을 오픈하는 데 들어가는 투자금이 커서 빠르게 매장을 늘릴 수도 없다. 또한 노동력이 많은 일반 창업은 매장이 늘수록 일도 더 많아진다. 매일 쉬지 않고 일에 몰두해야만 한다. 그래서 창업은 아이템을 선정하는 것도 중요하지만, 성공할 수 있는 조건과 시스템을 갖추었는지가 더 중요하다.

그리고 무인 창업은 연쇄 창업으로 확장할 수 있는 조건을 갖추었기 때문에 초보 창업자들에게 훨씬 유리한 조건을 제시한다. 다음 장에서 무인 연쇄 창업을 통해 수익을 늘리는 시스템 구축 방법을 자세히 알아보자.

무인 창업 성공 전략에 대해서만
제대로 배우고 준비한다면,
어떤 아이템을 선택해도 동네 1등을 할 수 있고
경제적, 시간적 자유를 얻을 수 있다.

# Chapter 5

# 무인 창업 성공 시스템 구축하기

## 🔍 성공 시스템 구축은 첫 매장부터

지금까지 기업에서 정한 시스템 속에서 열심히 일만 한 초보 사장들이라면 진짜 돈 버는 방법을 잘 모를 것이다. 지금부터는 창업을 통해 진짜 돈이 벌리는 시스템을 만드는 방법을 알아보자.

자영업을 하는 사람들은 대부분 하나의 아이템을 잘 골라서 모든 자본과 노동력을 투자하는 생계형 사업을 한다. 그래서인지 창업을 하고 나서는 휴가를 한 번도 가본 적이 없다고 말하는 사장들이 대부분이다. 예전에 만난 40세 A사장은 신촌에서 유명한 막걸리 집을 운영했다. 그러던 중 코로나 이후 대학가 상권이 모두 정지되었고, 마침 상가 임대 기간이 만기되자 피해를 최대한 줄이기 위해 빠르게 점포를 정리했다. 전직 공무원이었던 그 사장님은 평생 적은 급여를 받으면서 빠듯이 생활하다가 은퇴 후에는 연금 200만 원을 받으며 평생 살아갈 자신이 없어서 장사를 시작했다고 한다. 그런데 처음에는 장사가 잘 되어서 투자금도 금방 회수하고 제법 돈도 벌어서 큰 꿈을 갖게 되었다. 그리고 월 1,000만 원 이상 지속적으로 벌 수 있을 거로 생각해서 갖고 싶었던 외제차도 사며 앞으로 열심히만 하면 잘 될 것이라고 생각했다. 그런데 3개의 매장을 직영으로 운영하려는 계획도 세웠지만, 막상 자신처럼 열심히 일해 줄 직원을 찾기가 가장 힘들었다고 한다. 직원들이 자주 바뀌었고, 믿을 만한 직원을 찾기가 쉽지 않아서 매장을 더 늘리지 못했다. 그렇게 3년이 지나자 자신에게 가게를 넘긴 사장이 같은 상권에 똑같은 이름으로 가게를 오픈했다. 상호도 같고 위치도 비슷하니 그 가게와 매출을 나누어 갖게 되면서 매출은 점점 떨어지기 시작하였다. 물론 7년 장사를 했으니 투자금은 이미 회수했고, 돈도 조금 벌었으나 7년 동안 식구들과 여행 한 번 가본 적이 없을 정도로 삶을 모두 쏟아부었다.

30대 후반 피자집을 운영하던 B사장도 비슷한 상황이었다. 그도 지금까지 8년이 넘게 자기 장사를 하면서 쉬어 본 적이 없다고 한다. 그리고 아이들과 여행도 가본 적이 없고 그저 가족들을 위해 열심히 일만 했다고 한다.

자영업자들은 모두 같은 이야기를 한다. 첫째, 가족과 여행을 가기 힘들다. 둘째, 소통할 사람이 없다. 온종일 매장에 갇혀서 지내니 친구조차도 만나기가 어려워 다람쥐 쳇바퀴 돌듯 살고 있다고 한다. 친구들을 만나면 승진을 하거나 뭔가 달라진 것이 있는데, 자신은 항상 제자리에 있는 것 같다는 말을 한다.

셋째, 자영업자는 장사가 잘 되도 그만 두고 안 되도 그만 둔다는 이야기를 한다. 365일 하루도 쉬지 않고 하루에 12~15시간씩 일을 하니 금방 지칠 수밖에 없다. 장사가 잘 될 때는 직원들이 제대로 일하지 못하니 가게에 나가고, 장사가 안 되면 알바생 비용까지 주면서 일을 시키기에는 아깝다고 생각하니 못 쉰다. 그래서 하루도 쉬어 본 적이 없다고 말하는 자영업 사장들이 많다.

예전에는 이렇게 하루도 쉬지 않고 일하는 것을 당연하게 생각했다. 그리고 가게에 쉬는 날이 있으면 큰일 나는 줄 알았다. 하루만 쉬어도 일일 매출에 차이가 많이 나기 때문에 자기 장사를 할 때는 쉬지 못하고 일하는 경우가 많다. 그러나 최근 사장들은 주 6일만 영업하고 하루는 문을 닫는 경우가 많다. 인건비가 오르다 보니 하루 알바를 쓰기에는 아깝다고 생각하고 그냥 쉬어 버리는 것이다. 안 쉬고 일한다면 결국 돈은 조금 더 벌 수 있겠지만, 알바 비용과 원가 등을 따지면 그냥 쉬는 게 낫다고 생각하는 사장들이 많아지고 있다.

그러나 무인 창업은 이런 걱정을 할 필요가 없다. 24시간 운영할 수도 있고, 직원을 구하기 힘들어서 여러 개의 매장을 오픈하지 못할 이유도 없다. 무인 창업은 매출이 일반 매장보다 상대적으로 낮다. 물론 권리금도 있고 상권이 좋은 곳은 일 매출이 100만 원씩 나오는 매장도 있지만, 대부분 매장들은 20~50만 원 정도이다. 보통 20만 원 정도의 매출이 평균이라면, 월 600만 원 벌어서 원가 빼고 직원 인건비, 고정비, 임대료를 제외하고 나면 남는 게 별로 없다. 그래서 한 매장만으로는 만족할 만한 수입을 얻기가 쉽지 않다. 이것을 해결하는 유일한 방법은 매장의 숫자를 늘리는 것이다. 투자도 분산 투자를 하듯이 사업도 여러 곳에 시스템을 갖추면 원금 회수 이후에는 일을 하지 않고도 연금처럼 돈을 벌 수 있다.

그렇다고 운영 시스템을 갖추지 않고 무분별하게 매장을 오픈하면 오히려 수익이 나지 않는 매장이 많아져서 손실을 겪기 쉽다. 성공적인 시스템을 만든 A씨의 사례를 보자. 그는 프린트 기기 렌탈 영업을 하고 있다. 그런데 다니고 있는 회사에서 무인 오피스 가맹 사업을 시작한다고 하여 그 사업성을 보고 1호점을 오픈했다. 그가 살고 있는 지역의 대학가에 4,000만 원을 투자해서 첫 매장을 오픈하고 한 달 만에 순수익 약 200만 원 정도가 나왔다. 3개월 후에 바로 2호점, 3호점을 오픈했다. A씨는 은행에 4,000만 원을 넣어 두어도 월 이자가 10만 원도 안 나오니, 그 돈으로 매장을 오픈해서 월 100만 원 이상 수입이 생기면 좋겠다는 생각으로 시작한 거였다. 그리고 첫 매장에서 그 이상의 매출이 나오는 것을 확인하고는 곧바로 3호점까지 오픈하였다. A씨는 시간이 자유로운 영업직이었기에 근무하면서 짬짬이 매장을 관리할 수 있었다. 그렇게 그는 약 1억 5,000만 원을 투자해 매장 세 곳에서 한 달에 600~800만 원의 안정적인 수입을 벌고 있다. 역시 온종일 노동하지 않고 하루에 약 2~3시간 정도만 관리하면서 얻는 수입이니 성공적인 사례라고 볼 수 있다.

이처럼 여러 개의 매장을 운영해서 시스템을 갖추기 위해서 처음에는 투자금이 필요하겠지만, 이후에는 많은 매장에서 벌어들이는 수입으로 매장을 더 늘릴 수 있다. 그렇게 하면 논현동 골목의 백종원 브랜드처럼 한 지역에 여러 아이템을 운영하는 사장이 될 수도 있다. 여기서 반드시 체크해야 하는 부분은 원금을 회수하는 기간이다. 원금을 최대한 빠른 시일 안에 회수해야 다음 매장을 오픈하기 위한 준비를 할 수 있기 때문이다. 예를 들어, 보증금을 제외한 무인 점포 창업 비용이 4,000만 원이라고 했을 때 100~150만 원 정도의 수익만 나도 수익률이 좋다고 생각할 수 있다. 그러나 한 달에 100만 원이 수익이라면 1년이면 1,200만 원이고 원금을 회수하는 데는 최소 3년 4개월이 걸릴 것이다. 그 이후에나 순수익을 벌 수 있다.

이렇게 3년 이상 운영하고 겨우 원금만 회수를 했는데, 주변에 비슷한 업종이 들어와 매출이 반 토막이 난다면 회수 기간은 더 오래 걸린다. 그러니 원금을 빨리 회수하려면 수익률이 좋은 아이템을 잘 선택하고, 2년 안에 원금을 회수할 수 있는 구조를 만들어야 한다. 그리고 수익을 잘 관리해야 다음 매장을 위한 투자금을 준비할 수 있다.

먼저, 첫 번째 매장을 상권이 좋은 곳에 오픈한 후, 매달 회수되는 금액을 모아서 또 다른 매장을 오픈한다. 예를 들어, 4,000만 원짜리 매장을 3개 오픈하기 위해서 1억 2,000만 원이 들었다면 그만큼 월 매출이 높아진다. 그리고 리스크 관리도 되면서 총 1억 2,000만 원의 원금 회수 기간도 훨씬 빨라진다. 그러나 매장을 한 개만 오픈할 자금 밖에 없다면, 한 개의 매장에서 들어오는 수입을 매달 모아서 다른 매장을 오픈해야 하기 때문에 원금을 회수할 때까지 절대로 돈을 함부로 쓰면 안 된다.

당신이 원금을 회수하기 전에 매장에서 번 돈을 마치 매달 나오는 연금 소득으로 착각한다면, 나중에는 자신이 투자한 돈까지 다 써 버린다. 처음처럼 꾸준하게 수년 동안 매출이 떨어지지 않게 관리하며 장사하려면 엄청난 노력을 해야 한다. 첫 달부터 매장에서 1,000만 원씩 벌리니 앞으로 지속적으로 들어올 것으로 믿고 대부분 차를 바꾸거나 소비가 높아지는데, 원금을 회수하기 전까지는 절대로 피해야 할 태도이다.

다시 강조하지만, 원금을 회수하기 전까지는 자신이 투자한 돈을 돌려받고 있는 것이다. 나중에 장사를 잘해서 권리금을 받고 판다는 생각도 하지만, 업종 변경 없이 누군가 그 매장을 그대로 인수하는 게 아니라면 대부분 권리금은 바닥권리금 정도만 형성된다. 바닥권리금이란 공실이 없는 잘 되는 상권이 있는 지역에서 장사하고 싶은 사람들끼리 형성된 권리금이라고 보면 된다. 그러니 원금 회수 전에 버는 돈은 무조건 모으고 원금부터 회수하고 나서 나중에 버는 돈이 진짜 버는 돈이라고 생각하면 된다.

그리고 또 하나 주의할 점이 있다. 처음 장사하는 사장들은 매장 매출을 마치 자신의 소득으로 착각해서 돈을 함부로 쓰는 경향이 있다. 고정 지출을 생각하지 않고 전체 금액을 생각하니 씀씀이가 커진다. 그래서 처음 장사하는 사람들이 장사가 잘 되었는데도 몇 년 못가서 망했다는 이야기를 한다. 특히 직장에 다니면서 정해진 월급만 받던 사람들은 번만큼 다 쓰던 습관이 있다. 그러니 반드시 매달 고정 지출과 실제 순수익(세금까지 정산해서) 알고 있어야 돈을 다시 모아서 2호점, 3호점을 오픈할 수 있으며, 2년 안에 원금도 회수하고 나중에는 진짜 월 1,000만 원 이상의 고소득자의 삶을 누릴 수 있게 된다. 진짜 돈을 버는 사람들은 돈의 개념을 정확히 알기 때문에 함부로 돈을 쓰지 않고, 일정하게 나오는 돈의 힘이 얼마나 큰지 알기 때문에 그 돈을 잘 관리한다. 그렇지 않으면 돈을 벌고서도 돈을 모으고 불리고 쓰는 법을 몰라 돈이 쉽게 사라져 버리고 만다.


## 🔍 차별화가 중요한 무인 매장

무인 매장의 장점은 판매하는 사람이 없다는 것이고, 단점 역시 판매하는 사람이 없다는 것이다. '무인'의 특성이 장점이 될지 단점이 될지는 순전히 운영하는 사람에게 달렸다.

우리 주변에 있는 유인 매장을 가보면 때로는 주인이 계속 말을 걸면서 물건을 권유하며 쫓아다닐 때가 있다. 가끔 사람들은 매장에 들어와 구경하다가 마음에 들면 구입하려고 아이쇼핑을 하기도 한다. 하지만 이렇게 직원이나 주인이 계속 신경 쓰이면 편하게 구경하는 힘들어져서 그냥 나오기도 한다. 또는 직원이나 주인의 불친절한 말투나 행동 때문에 불편해서 다시는 가지 않는 곳도 생긴다. 이처럼 유인 매장에서 기분이 상하는 이유는 사람과의 마찰로 인해 생기는 스트레스가 대부분이다. 이런 부분은 운영하는 사람 역시 마찬가지다. 무리한 요구를 하면서 반품을 요구하는 사람들, 그날 기분이 안 좋았는지 무턱대고 욕을 하는 고객들로 인해 온종일 스트레스를 받으면서 일한다. 어느 날은 종일 손님이 없지만 매장을 지키고 있어야 하는 어려움도 있다. 마치 창살 없는 감옥처럼 말이다.

무인 점포는 이처럼 사람을 대면하는 것에서 오는 스트레스를 거의 받지 않아도 된다. 이런 점 때문에 사람을 상대하는 것에 어려움을 느끼는 사람들도 선뜻 창업에 나설 수 있다. 고객 입장에서도 불친절한 직원도, 주인도 없으니 편하게 구경도 할 수 있고 눈치 보지 않고 구매 여부를 결정해도 되니 만족도가 높다. 그래서 사람들이 대형 매장을 선호하는 이유는 물건의 종류가 많은 것도 있겠지만, 아무런 간섭을 받지 않고 구경할 수 있어 심리적으로 편안하고 안정감을 느끼기 때문이기도 하다. 더욱이 비대면 시대가 되면서 온라인 쇼핑몰과 무인 매장이 사람들에게 더욱 편안함을 주게 되었다. 이 두 가지 사업은 앞으로도 꾸준히 성장할 수밖에 없다.

그렇다고 무인 매장이 장점만 있는 것은 아니다. 모든 자영업 사장들이 가장 힘들어 하는 것이 바로 경쟁업체들이 계속 생겨나는 점일 것이다. 특히, 무인 창업은 적은 시간을 투자하고 월 소득 200만 원 이상 안정적으로 수입을 얻을 수 있는 아이템들이 많아지면서 최근 프랜차이즈 회사들이 너도 나도 이름만 바꾸어 브랜드를 내고 있다. 그만큼 많은 사람이 무인 창업 시장에 뛰어들고 있다는 이야기가 된다.

프랜차이즈 회사 입장에서도 이전에는 기술 전수 등 직원 관리와 교육 매장 관리에 애로 사항이 많았다. 그러나 무인으로 바뀌면서 직원들을 고용할 필요도 없고, 전국에 빠른 속도로 매장을 늘릴 수 있어서 유통업 매장을 늘리기에는 더 수월해졌다.

기존의 요식업 유인 프랜차이즈 매장들은 본사로부터 반 조리 형태 제품을 제공 받아서 매장에서 조리만 해서 나가는 식이었다. 그러니 회사 입장에서는 매장에 나가던 제품 형태를 밀키트로 바꾸어 무인 매장에 납품하는 것이니 전혀 새로운 사업이 아니다. 유인 식당들이 문을 닫으면서 기존에 있던 시스템을 비대면 시대에 맞게 방식만 조금 바꾸었을 뿐이다. 매장에서 조리해서 판매하던 것을 매장에서는 진열만 하고, 고객들이 집에서 간단히 조리해 먹는 방식으로 말이다.

이런 이유로 빠르게 프랜차이즈 브랜드들이 늘어나면서 무인 매장들도 한 동네에 같은 아이템의 여러 브랜드 매장이 들어오기 시작했다. 이런 환경에서 무인 매장들은 남들과 차별화된 전략이 없이 주먹구구 식으로 시작하면 십중팔구 끝이 좋지 않을 것이다.

먼저 홍보에서도 다양한 시도를 모색해 보자. 예를 들어, 셀프 빨래방을 오픈했다고 하면 우리 매장을 사람들에게 최대한 빨리 홍보할 수 있는 방법을 고민해 본다. 이럴 때는 5,000원짜리 빨래방 이용권을 만들어서 동네 사람들을 대상으로 인스타그램에 팔로우 신청을 하면 5,000원짜리 이용권을 선물로 준다고 홍보하자. 어차피 빨래방처럼 시설을 이용하는 사업은 재료비라고 해도 세제, 섬유유연제 비용 그리고 물세, 전기세가 고작이다. 5,000원 이용권 100장 정도 활용하는 이벤트는 오픈 매장도 충분히 가능한 수준이다.

빨래방을 한 번 이용한 고객은 1시간 만에 건조까지 다 되어서 나오는 빨래의 뽀송뽀송한 느낌이 너무 좋아서 재방문을 하게 된다. 그리고 5,000원 이용권을 사용하려면 최소 7,000원은 더 충천해서 이용해야 한다. 이렇게 5,000원 충천 카드를 받은 고객 100명이 정해진 오픈 기간에 방문해서 매장을 이용하게 할 수 있다면 광고비로 카드 제작 비용과 몇 만 원의 세탁 비용만 투자하고 100명이라는 고객의 후기도 얻을 수 있다. 또 기간 안에 무료 이용권을 사용하려는 고객들은 매장 앞에 줄을 설 수도 있다. 그러면 자연스럽게 동네에 홍보가 된다.

반면에 무턱대고 첫 이용객에게 세탁비를 할인해 주는 이벤트를 한다면 어땠을까? 할인 이벤트가 끝나고 나면 오히려 제값이 아무리 저렴해도 처음 이용한 사람들이 할인한 가격에 이용했기 때문에 오히려 정상 가격에 이용할 때 비싸다고 느낀다. 그러니 할인 이벤트보다 더 좋은 것은 정당한 가격을 지불하고 체험할 수 있게 하는 마케팅이다.

또 고객의 편의를 한발 앞서 생각하는 서비스 제공도 자신의 매장에 차별화를 가져올 수 있다. 예를 들어 무인 아이스크림 할인점은 바로 먹기 위해 한두 개의 아이스크림을 사가는 고객이 있는 반면 집 냉장고에 넣어 두고 필요할 때 꺼내 먹기 위해 넉넉하게 아이스크림을 구입해 가는 고객들도 많다. 그런 고객을 위해 일회용 보냉 팩을 제공하면 어떨까? 그러면 아이스크림을 구입하고 잠시 다른 볼일을 봐야 하거나 집으로 바로 가지 않는 고객들도 아이스크림이 바로 녹지 않으니 지나가는 길에 들린 매장에서 좀 더 넉넉히 아이스크림을 구입할 있을 것이다.

이렇게 남들과 차별화된 서비스를 제공하면 실제로 매출이 30% 이상 오르기도 한다. 매장의 차별화 전략은 매출에 아주 많은 영향을 준다. 남들이 하지 않는 나만의 차별화된 방법을 찾기 위해 노력하자. 고객의 문제를 해결해 주는 서비스 아이템이나 고객이 받아서 감동할 만한 홍보 전략을 만들어 제시한다면 반드시 성공할 것이다.

근처에 있는 잘 되는 다른 매장들이 어떻게 하는지 눈여겨 보면 자신의 매장에도 적용할 만한 홍보 전략을 찾을 수 있다. 단, 우리 동네 매장이 아니라 다른 동네에서 잘 되는 매장을 찾아보자. 이 정도 수고도 없이 동네 1등을 위한 매장을 만들기는 힘들다. 나날이 똑똑해지는 고객들의 마음을 얻기 위해서 차별화는 선택이 아닌 필수이다.

무인 창업은 판매업 또는 시설 임대업이 대부분이다. 고객을 대면하지 않기 때문에 상품의 진열이나 고객의 동선 그리고 조명 등의 인테리어가 매출에 영향을 끼친다. 실제로 대형 마트나 백화점의 엘리베이터는 올라가고 내려가는 엘리베이터가 매장을 반 바퀴 돌아야 탈 수 있게 동선을 구성한다. 이는 최대한 고객들이 매장에 많이 머물고, 한번 들어온 고객들이 빨리 이탈하지 않고 머물면서 다른 제품도 구매할 수 있도록 설계 단계부터 고객의 동선을 미리 계획해서 건축한 사례이다.

또한 제품의 진열 방식을 바꾸기만 했는데도 매출이 두 배 이상 좋아진 쇼핑센터도 있다. 이 쇼핑센터는 강남에 큰 대형 매장으로 교통이 편리하고 위치가 좋은 곳에 있었다. 하지만 식품 쪽 매장의 매출이 다른 매장보다 현저히 낮았다. 그 이유를 알아보니 이 쇼핑센터는 20년이 넘도록 인테리어를 바꾼 적이 없었다. 또한 최근에 주변 신축 아파트가 입주하며 소득 수준이 높은 소비자층이 유입되기 시작했는데, 그들은 인테리어가 깔끔한 백화점 이용을 선호했다. 그로 인해 많은 고객이 백화점으로 이탈했다. 그래서 이 쇼핑센터는 리모델링을 결정했다. 그렇게 20년이 넘은 낡은 이미지를 탈바꿈해 백화점 식품 판매점 스타일 인테리어로 변경하였다. 밋밋하고 밝은 형광 조명을 사용했던 마트는 인테리어 톤을 어둡게 바꾸고 은은한 조명과 제품이 더 잘 보일 수 있도록 제품에 하이라이트 조명도 넣었다. 그러자 육류 제품과 과일 등 단가가 높은 제품들의 판매율이 두 배 이상 상승하였다. 이처럼 대기업들의 판매 전략을 보면 고객의 동선이나 물건의 진열 방식 그리고 인테리어가 매출에 얼마나 많은 영향을 주는지 알 수 있다.

똑같은 과수원에서 재배한 사과를 백화점과 대형 마트, 재래시장에서 동시에 판매한다고 하자. 만약 이 사과들이 동일한 등급의 같은 제품이라고 해도 백화점에서는 재래시장보다 비싸게 판매할 것이다. 어떻게 포장하고 어디에서 판매하느냐에 따라 고객은 제품의 가격이 비싸다고 혹은 싸다고 느낀다. 이런 이유에서 대기업 유통회사들은 매장 인테리어에 많은 돈을 투자한다.

그렇다면 개인 사업자들이 10평 남짓한 매장에서 무인으로 판매를 한다면, 어떤 방법으로 고객을 사로잡아야 할까? 고객은 오로지 제품의 품질과 가격으로만 구매를 결정한다. 우리는 어떻게 하면 고객이 곧바로 물건을 사고 싶은 욕구가 생길지 고민해야 한다. 만약 무인 매장에서 물건을 구매하는 과정이 복잡하고 불편하다면, 고객들은 익숙한 마트나 편의점으로 다시 이동할 것이다. 그러니 고객이 매장에 처음 들어왔을 때부터 제품이 잘 보여야 하고, 다른 곳에 없는 다양한 제품으로 알차게 구성되어 있어야 한다. 그리고 결정적으로 구매하는 방법이 어렵게 느껴지지 않도록 키오스크 이용법과 자세한 구매 요령 및 안내 문구 등을 설치해야 한다. 무인 매장을 이용해 본 고객이 다양한 제품을 고를 수 있고 합리적인 가격에 편리함을 느꼈다면 재방문 고객은 점차 늘어날 것이다.

개인 사업자라면 대기업처럼 많은 돈을 투자해서 인테리어를 멋지게 할 수는 없다. 하지만 진열하는 방법이나 안내 문구만 바꾸어도 매출을 두 배 이상 올릴 수 있으며, 시간을 절약하면서 매장을 효율적으로 운영할 수도 있다.

일단 매장에 처음 들어가면 가장 먼저 눈에 띄는 건 바로 진열대이다. 보통 무인 매장은 10평 전후의 공간에서 운영하기 때문에 진열대의 구성이 매출과 직접적으로 연관이 있다. 예를 들면, 선반은 제품의 사이즈를 고려해서 4단보다는 5단이 좋다. 그만큼 제품을 많이 진열할 수 있고 매장에 제품이 가득 차 보인다. 특히 높이 조절이 가능한 선반을 구입해서 알맞은 높이를 찾아 설치한다면 제품이 더욱 잘 보이고 깔끔하게 정리되어 구매를 유도한다. 진열하고 남은 제품들은 벽에 있는 선반 위나 진열된 제품 아래쪽에 수납 공간을 만들어 보관하면 재고를 관리할 때 동선이 짧아져서 시간을 단축할 수 있다.

무인 사업의 핵심은 적은 시간을 투자하고 안정적인 소득을 버는 것이다. 불필요한 시간을 줄이는 것이 무엇보다 중요하다. 무인 매장은 지금 과도기이기 때문에 고객들이 아직은 낯설고 불편하게 여길 수도 있다. 이처럼 익숙하지 않아서 오는 불편함을 해소해 주는 가장 좋은 방법은 처음 오픈했을 때 주인이 매장에 머물면서 사용법을 친절하게 안내해 주는 것이다. 아니면 오픈 때부터 고객이 어렵지 않게 스스로 이용할 수 있도록 안내 문구를 배치하는 것도 좋다. 안내 문구는 이용하는 방법도 적어 두지만 주의해야 할 사항이나 부탁해야 하는 부분을 적어 두면 크고 작은 사고들을 미리 해결할 수 있다. 예를 들면, 냉동 식품을 취급하는 무인 아이스크림 매장이라면 손잡이 부분에 문을 꼭 닫아 달라는 문구를 넣는다. 간혹 냉동고 문을 잘 닫지 않아서 아이스크림이 녹을 수 있기 때문이다. 매번 CCTV를 확인하면서 문을 닫아 달라고 안내할 수도 없으니, 미리 문구를 만들어 붙여 두면 효과가 있다. 또, 무인 문구점에서는 물건값을 지불하지 않고 함부로 제품을 가져가는 어린이들이 종종 있어서 아이들의 눈높이에 맞게 주의 및 안내 문구를 붙이기도 한다.

무인 사업에서 매출을 올리는 방법은 첫째, 아이템에 어울리는 인테리어를 통해 제품이 더 가치 있고 좋아 보이게 한다. 즉, 많은 돈을 들이지 않고 최대한 제품을 돋보이게 하는 가장 효과적인 방법이다.

둘째, 물건을 진열하는 방법에 따라 제품이 더 좋아 보이고 많아 보이며 잘 보이게 할 수 있다. 또한 진열 제품 근처에 여분의 제품을 보관하면 공간을 효율적으로 활용할 수 있고, 매장을 관리하는 데 시간을 단축시킬 수 있다.

셋째, 안내 문구를 통해서 고객과 소통하며 이용에 불편함이 없도록 섬세하게 관리한다. 이처럼 보이지 않는 작은 차이에서 매출은 달라진다.

처음 무인 매장을 오픈할 때는 유인 매장보다 신경 쓸 게 많지만, 처음에만 잘 세팅해 두면 고객들이 매장 이용에 점점 익숙해지면서 문의도 줄어 들고 매장을 관리하는 시간이 단축되면서 시간적 여유를 누릴 수 있다.

## 🔍 오토 시스템과 키오스크 활용법

무인 창업에서 가장 핵심 시스템은 키오스크와 오토 시스템일 것이다. 무인 창업이 가능한 이유도 바로 키오스크가 개발되었기 때문이다. 이전까지 무인 상점이라고 하면, 시골 동네에 있는 작은 점포를 먼저 떠올렸다. 동네 사람들은 오며 가며 필요한 것이 있으면 가게에 들러 직접 가져가고 돈 통에 해당 가격을 넣어 두며 거스름돈도 알아서 가져가는 시스템이다. 그만큼 동네 사람들이 서로 믿음을 가지고 운영하는 곳이 무인 상점이었다. 그래서 물건도 많지 않고 꼭 필요한 물건 몇 가지 정도만 판매하는 그런 곳이 대부분이었다.

그러나 최근 기술이 발달하며 이제 무인 사업은 필요한 시스템을 대부분 갖추었다. 또한, 사회적으로 비대면 환경에 적합하고 동시에 인건비를 줄일 수 있는 사업이 되었다. 자영업의 가장 큰 고충은 작은 매장에 갇혀서 하루도 쉬지 않고 일만 해야 하는 것이다. 누군가는 이를 보이지 않는 '감옥'이라고 말한다. 무인 사업에서는 이런 문제가 대부분 사라진다. 그러니 자영업에서 무인 창업에 대한 움직임이 커지는 것은 당연한 흐름이다.

무엇보다 무인으로 가게를 운영하려면 가장 우려되는 부분이 매장의 보안 즉 제품에 대한 분실과 원활한 결제 시스템이다. 미국의 아마존은 무인 매장에 수십 대의 카메라와 앱을 연동시켰다. 앱을 휴대폰에 깔고 회원 가입을 하면, 매장에서 장바구니에 제품을 담자마자 바코드가 자동으로 인식한다. 그리고 나갈 때 제품을 봉지에 옮겨 담고 안전 출입문을 지나가면 자동으로 결제가 이루어지는 시스템이다. 이처럼 무인 매장의 오토 시스템은 최첨단 기술로 발전하고 있다.

현재 국내 무인 매장에는 '키오스크'라는 셀프 결제 시스템과 6~8개의 채널 CCTV의 보완 관리를 위한 오토 시스템, 전기 제품 원격 리모컨 컨트롤러(리모컨으로 작동되는 가전제품에 와이파이가 연결되어 있어 휴대폰을 사용해 원격으로 작동할 수 있다.) 등이 있다.

먼저 키오스크에 대해서 알아보자. 키오스크는 공공장소에 설치된 터치스크린 방식의 정보 전달 시스템이다. 본래 옥외에 설치된 대형 칸막이나 현관을 뜻하는 터키어에서 유래된 말이다. 정보 통신에서는 정보 서비스와 업무의 무인 자동화를 위하여 대중들이 쉽게 이용할 수 있도록 공공장소에 설치된 무인 단말기를 말한다. '멀티미디어 스테이션' 또는 '셀프 서비스 스테이션'이라고도 하며, 대개 터치스크린 방식을 활용하여 정보를 얻거나 구매, 발권, 등록 등의 업무를 처리한다.

예를 들면, 주민센터에서 등본이나 민원 업무를 처리하기 위해 설치된 기기도 모두 키오스크 시스템이고 공항, 철도 등에 설치된 예약표 발권 기기도 모두 키오스크라고 생각하면 된다. 이처럼 키오스크는 이미 우리 생활과 밀접하게 관련이 있다.

이 키오스크가 무인 매장에 도입되면서 매장에서 사람이 주문을 받는 대신에 고객이 직접 기기로 주문을 처리하는 시스템이 시작되었다. 대기업 프랜차이즈 회사는 직원들의 인건비를 줄이기 위해 앞다투어 키오스크 시스템을 도입하고 있다.

이제는 기존에 있는 매장들도 인건비를 절약해 주는 키오스크를 적극적으로 활용하고 있다. 주문을 받고 제품을 가져다주는 홀 직원을 고용하는 데 드는 비용은 한 달에 최소 200만 원이다. 하지만 키오스크를 도입하면 직접 주문을 하고 제품을 셀프로 가져가면서 인력을 줄일 수 있다. 그래서 자영업자들은 이런 변화를 반갑게 생각한다. 특히 직원을 대체할 수 있는 키오스크의 도입으로 무인 운영이 가능해지면서 인건비를 줄이는 동시에 직원 관리에 대한 고민도 크게 줄었기 때문이다. 키오스크가 개발되지 않았다면 매장에 매일 출근해서 손님이 있든 없든 누군가는 자리를 지켜야 했다.

무인 매장의 키오스크는 최대한 간단하게 조작할 수 있는 제품을 고르는 것이 중요하다. 바코드를 인식하기만 하면 제품이 자동으로 시스템의 장바구니에 담겨 한 번에 결제할 수 있어야 한다. 결제하는 것이 번거롭거나 어렵다고 느끼면 고객은 재방문을 고려할 것이다. 그리고 결제 방식은 최대한 다양해야 한다. 최근 네이버페이, 지역 페이 등 결제 방식이 다양해지면서 복잡해졌지만, 어떤 고객도 결제가 안 되어 돌아가지 않도록 해야 한다.

업종에 따라 키오스크에 전문적인 프로그램이 필요한 것도 있다. 예를 들어, 셀프 빨래방은 기기와 키오스크가 연결되어 있어야 한다. 비어 있는 기기를 선택해서 원하는 빨래 코스를 선택 후 결제를 하면 기기를 이용할 수 있는 시스템이 필요하다. 또는 기기마다 개별로 키오스크 시스템에 접목하여 운영하는 세탁 장비들도 있다.

키오스크는 고객 관리 및 매출 관리까지 가능하기 때문에 사장이 따로 관리하지 않아도 된다. 스터디카페 같은 경우는 이용객의 나이 제안을 위해 본인 확인 시스템이 접목되어 있다. 휴대폰 인증으로 고등학생 이상만 입장할 수 있게 하고, 결제도 원하는 방식으로 다양하게 할 수 있으며, 재등록 일정까지 관리할 수 있어서 회원 관리까지 가능하다.

무인 매장에는 키오스크 시스템을 보완해 주는 각종 오토 시스템도 필요하다. 일반적으로 활용하는 오토 시스템으로는 CCTV가 있다. CCTV를 구석구석 설치해서 휴대폰으로 매장을 관리하는 것뿐만 아니라 홈캠을 설치하여 저렴한 비용으로 고객과 직접 소통할 수도 있다. 홈캠을 통해 고객의 위치와 행동을 보며 소통할 수 있기 때문에 사람이 없어도 정확히 안내할 수 있다. 예를 들어, 매장에 아이들이 들어와 위험한 장난을 치고 있다면 바로 안내 방송을 통해 이동해 달라고 이야기할 수 있다. 셀프 빨래방 역시 24시간 운영하다 보니 저녁 늦게 술 취한 고객이 들어오면 다른 고객이 이용하기 어렵기 때문에 바로 조치를 해 주어야 한다. 또 고객이 필요한 물품을 찾을 때는 고객의 위치를 보면서 설명해 줄 수 있기 때문에 즉각적인 대처가 가능하다.

그밖에도 도난을 방지하기 위해 입구에서 신용카드로 본인 인증을 해야 출입이 가능한 시스템도 있다. 이런 시스템을 도입한다면 도난이 생겼을 때 출입한 사람들의 신원을 확인할 수 있고, 고객도 본인 인증 후 매장을 이용하기 때문에 조금 더 조심하게 된다.

이런 여러 가지 오토 시스템들이 무인 매장에 빠르게 도입되고 있지만, 아직까지는 과도기라고 본다. 국내에서도 한국과학기술원과 이마트 편의점이 협업해서 무인 편의점을 테스트 오픈했다. 일단 이마트 무인 편의점은 기존의 무인 시스템과 차별화가 되어 있다. 미국의 아마존 무인 매장에 도입된 기술을 바탕으로 우리나라에서 최초로 운영되는 시스템이다. 이마트 무인 편의점은 일단 입구에 들어가면 앱을 다운받고 QR 코드를 인식해야 이용할 수 있다. 그리고 입구에 들어서면 '스파로스'라는 AI 음성 인식 기기가 안내를 한다. AI에 원하는 물건의 이름을 물어보면 화면으로 정확한 위치를 보여주면서 음성 안내를 받을 수 있다. AI 인공지능 직원이 상주하고 있는 것이다. 또한, 물품을 골라서 결제하지 않고 그냥 밖으로 나오면 앱에서 자동으로 결제가 완료된다. 현장에서 음료를 마시거나 먹고 나서 제자리에 두어도 고객이 밖으로 나가면 바로 결제가 되는 시스템이다.

이런 것이 가능한 것은 사람을 인식하는 카메라와 제품들의 무게 및 글자까지 상세하게 인식해 주는 카메라가 앱과 연동되어 행동을 인식하고 제품들을 정확히 인식하기 때문에 가능하다. 머지않아 무인 매장에서 음성으로 주문하고 카드로 직접 결제하지 않아도 자동으로 결제되는 시스템이 도입될 것이다. 전 세계적으로 무인 매장 관련 기술들이 활발히 개발되는 중이며, 우리 정부도 지원을 아끼지 않고 있다. 그러니 앞으로 발전하는 무인 창업의 시장은 무궁무진할 것이다.

## 🔍 무인 연쇄 창업으로 목표 수익 이루기

20대 청년 사업가는 돈이 되는 사업 아이템을 찾다가 스튜디오 렌탈 사업을 시작해서 하루 3시간만 일하고 월 소득 약 1,000만 원을 벌고 있다. 이 청년은 최근 많은 사람이 온라인 쇼핑몰이나 스마트 스토어를 운영한다는 사실을 알게 되었다. 자신이 직접 남들처럼 스마트 스토어 사업을 하기에는 경쟁에서 이길 자신이 없었다. 그런데 반대로 그들에게 필요한 사업이 무엇일까 고민하다 보니 제품을 홍보하기 위해서는 제품을 촬영할 장소가 필요할 것이라는 생각을 했다. 그래서 그는 인터넷으로 현재 운영되고 있는 스튜디오를 알아보기 시작했다. 물론 사진까지 직접 촬영할 수 있다면 수입을 더 벌 수 있겠지만, 그는 사진을 배운 적이 없었고 자신의 시간을 최대한 많이 쓰지 않으면서 사업하는 것이 목적이었다. 그래서 자신이 직접 사진을 찍지 않아도 사진작가들이 원하는 스타일의 인테리어만 갖추고 장소 렌탈 사업을 하면 될 것이라고 생각했다. 그는 곧바로 집에서 가까운 위치의 저렴한 매장을 임대하여 사업을 시작하였다.

매장을 얻는 데 보증금과 인테리어 비용을 합쳐서 2,000~3,000 만 원 정도 들었다. 장소를 잘 꾸며 둔다고 해서 사람들이 저절로 몰려오는 것은 아니다. 그래서 광고를 위해 블로그, 인스타 등을 활용해 열심히 홍보했고, 고객들이 이용하고 나면 바로 청소도 깨끗이 하고 후기도 체크했다. 그러면서 매장을 조금씩 보완해 나갔더니 점점 관리 시간이 줄어 들었다. 그렇게 첫 매장에서 매출이 안정적으로 나오기 시작하는 것을 확인하고 2호점, 3호점까지 매장을 늘렸다. 그랬더니 동일한 시간에 예약이 다 차면 다른 매장으로 바로 예약을 연결할 수 있어 고객들이 더 자주 이용하게 되었고, 지금은 특별히 신경을 많이 쓰지 않고도 매장이 오토로 운영되었다.

20대 청년의 무인 스튜디오 창업의 성공 전략은 바로 열심히 홍보에 집중한 결과이다. 특히 스튜디오 렌탈은 목적을 가지고 있는 사람들이 장소를 찾아서 오기 때문에 임대료가 비싼 메인 상가에 임대할 필요는 없다. 그러니 매장을 알리기 위해서는 온라인에서 자신의 매장을 잘 광고해야 매출이 난다. 또한, 렌탈 업종은 그 분야의 전문가가 아니어도 창업이 가능하다는 것이다. 그러니 창업하는 아이템에 있어 전문가가 아니라도 포기하지 말자. 무엇보다 무인 창업의 핵심은 바로 여러 개 매장을 운영할 수 있다는 점이다. 만약 주인이 온종일 있어야만 매출이 나오는 업종이라면 매장을 2개, 3개 늘릴 수 있을까? 직원들에게 기술을 가르쳐 동일한 맛이나 결과물을 내지 못하면 매장을 늘리기는 쉽지 않다.

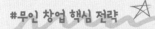

#무인 창업 핵심 전략 ⭐

첫째, 고객에게 인색하게 굴지 마라.

둘째, 오픈 후 3개월 동안은 지역 마케팅과 홍보에 집중해서 최대한 빨리 매장을 알린다.

셋째, 남들과 다른 차별성을 갖춘다.

넷째, 고객의 주 동선을 잡아야 경쟁자가 생겨도 매출이 하락하지 않는다.

다섯째, 매장의 인테리어 진열 방식으로 매출을 2배로 올릴 수 있다.

여섯째, 키오스크 및 오토 시스템을 제대로 갖추면 추후 관리 시간을 단축해서 안정적인 운영 관리가 가능하다.

일곱째, 매장을 최소 3개 이상 늘려서 월 1,000만 원 이상의 안정적인 소득을 만들어라.

매장 하나의 매출이 일반 자영업의 평균 매출보다 높지 않아도 임대료와 관리비만 제외하고 나면 매출의 거의 대부분이 순수익이 되기 때문에 전체 매출이 낮아도 수익률은 높다. 하지만 무인 매장

하나로 경제적 자유를 누리기는 힘들다. 무인 연쇄 창업의 핵심 전략은 바로 매장을 최소 3개 이상 운영해서 월 소득 1,000만 원 이상을 만드는 것이다. 그리고 이후에 더 많은 매장을 관리하는 노하우가 생기면 수익은 더욱 커질 수 있다. 앞에서 알아본 무인 창업 성공 전략에 대해서만 제대로 배우고 준비해서 창업한다면 그 어떤 아이템을 하더라도 동네 1등을 할 수 있고 경제적, 시간적 자유를 얻을 수 있다.

## 🔍 프랜차이즈와 개인 창업의 장단점

창업이 처음인 예비 창업자는 프랜차이즈 회사의 도움을 받아 시스템을 배우고 매뉴얼을 익히는 것도 좋은 방법이다. 자영업 경험이 풍부한 사람 중에는 개인적으로 창업해서 자신만의 노하우로 매장을 이끌거나 이미 시설을 갖춘 매장을 인수해 운영하면서 꾸준히 고객을 모아서 성공하는 경우도 있다. 어떤 선택이던지 정답은 없다. 프랜차이즈를 오픈한다고 해서 모두가 돈을 버는 것도 아니고, 개인으로 창업해서 모두가 성공하거나 망하는 것도 아니다. 그러나 자영업 경험이 없는 사람이 무턱대고 개인 매장을 오픈한다면 성공할 확률이 많이 낮은 편이다.

154

장사를 처음 하는 사람은 상권 분석과 아이템에 맞는 입지를 잘 선택하기 어렵다. 또한 고객들은 개인이 하는 가게보다 프랜차이즈로 운영하는 곳을 더 선호한다. 되도록 맛이나 서비스가 검증된 곳으로 가려는 경향이 있기 때문이다. 그러니 웬만한 노하우가 있지 않는 이상, 개인 창업에 호기롭게 도전하면 실패할 확률이 아주 높다. 개인 가게 중 대박 가게가 된 사장들 중에는 5~7번 이상 망하고 실패하면서 깨달은 노하우로 마지막이라고 여기고 몰두하여 성공하는 경우이다.

한국에서 자영업을 선택하는 것은 얼마나 치열한 경쟁 속에서 살아남아야 하는 일인지 해 보기 전까지는 알 수 없다. 예전에는 몇 천만 원씩 벌던 매장의 고객이 서서히 빠져 나가면서 매출이 떨어지는 경우도 아주 많다. 그러니 이렇게 치열한 시장에서 기본기를 다지며 실패를 줄이려면 확실한 프랜차이즈 회사를 선택하는 것도 나쁘지 않다.

만약 프랜차이즈 회사를 선택한다면 좋은 회사를 알아보는 방법은 무엇일까? 프랜차이즈 회사를 잘 선택하려면 먼저 회사의 대표를 잘 살펴보자. 회사의 대표가 어떤 마인드와 경험을 가지고 아이템을 연구 개발해서 만들었고, 시장에 어떤 경쟁력이 있는지 꼼꼼하게 알아 봐야 한다. 어떤 프랜차이즈 회사는 요식업 경험도 없으면서 마케팅과 기획서만 가지고 사업을 시작하기도 한다. 우리나라는 법적으로 프랜차이즈 가맹 사업에 등록하면 사전에 정보공개서를 점주들에게 제공하게 되어 있다. 그래서 회사의 재무 상태, 직영점 매출 자료 등을 미리 확인하게 하여 피해를 방지한다. 또한, 피해 사례가 발생했을 때도 가맹법으로 도움을 받을 수 있다. 그러나 일부 회사는 이런 부분을 잘 알고 법적인 범위를 피해 마치 프랜차이즈 가맹점을 모집하는 것처럼 홍보한 후 계약서는 위탁 계약 형태로 작성하면서 정보공개서도 제공하지 않는다. 그러면 프랜차이즈 가맹 계약을 한 것이 아니기 때문에 분쟁이 생겨도 가맹 점주들은 프랜차이즈 가맹법의 보호를 받을 수 없다. 그래서 개인적으로 민사 소송을 통해 분쟁을 해결해야 하는 어려움이 있으니 반드시 프랜차이즈로 등록된 회사인지 여부와 정보공개서 등 회사 자료를 검토하도록 하자.

더욱이 이런 회사는 문제가 생겨도 경험이 없기 때문에 문제를 해결할 방법도 없고 책임도 지지 않으며, 회사가 어려워졌는데도 끝까지 가맹 계약금을 받아서 가맹점에 엄청난 피해를 주기도 한다. 이런 행위는 완전한 사기이지만 프랜차이즈 회사가 아니니 법적으로 처벌할 방법은 소송하는 방법밖에 없다. 그래서 개인 창업자들은 계약금 수천만 원의 피해를 고스란히 떠안고 포기하는 경우도 많다.

회사의 방향과 운명은 대표의 생각에서 결정되기 때문에 대표가 자신의 이익만 생각하고 사업을 진행한다면, 그 회사는 결코 오랫동안 존속할 수 없다.

또한, 아이템만 있고 운영 노하우가 없는 매장들도 많다. 정작 직영점의 매출이 안 나오고 운영도 잘 안 되는데 누가 누구를 컨설팅한다는 것인지 알다가도 모를 때가 있다. 하지만 이런 회사들이 생각보다 많다. 그러니 반드시 회사의 대표를 만나서 얼마나 실무 경험을 가지고 있는지, 실무 경험을 바탕으로 회사를 만들었는지 확인하자. 그리고 가맹점과 공생하려는 마인드가 있는지, 돈이 되니까 브랜드를 만들어서 팔고만 있는지 냉철하게 알아봐야 한다. 가치관이 맞는 회사를 찾지 못하면 운영하면서 점점 힘들어질 것이 뻔하다. 그러니 처음부터 단순히 아이템이나 매장만 알아보지 말고 회사 대표를 반드시 만나보고 결정하는 것이 좋다.

프랜차이즈 회사는 두 가지 스타일로 운영된다. 하나는 가맹점을 오픈하면서 인테리어나 물품 등에서 수입을 만들고 추후 유통을 하는 방식이다. 또 한 가지는 가맹점 오픈을 위한 교육 비용만 받고 오픈하여 매장을 최대한 빠른 속도로 늘려서 유통을 전문으로 하는 회사이다. 최근 치킨 가게, 고깃집, 소자본 창업 등 유통을 크게 할 수 있는 업종들은 가맹비, 로열티 등을 받지 않고, 1년에 수백 개의 매장을 오픈해서 함께 공생하는 방식을 택하는 경우도 많다. 특히 가맹 사업이 처음인 회사는 대부분 이 방법을 쓴다. 100개 이상 늘어나면 가맹 비용, 교육비, 로열티 등을 받으면서 천천히 매장을 늘리는 사업을 진행한다.

본사도 매장이 많아야 제품을 싸게 가져올 수 있고, 그때부터 유통을 통해서 돈을 벌 수 있기 때문이다. 좋은 아이템을 골라서 초창기에 오픈하면 이런 혜택을 받으면서 좋은 조건으로 시작하는 기회가 되니 발품을 팔아서 상담을 많이 받아 보자. 그리고 어느 정도 자영업에 대한 노하우가 생기고 자신만의 특별함을 갖춘 후에 개인 장사를 시작하는 것도 안전한 방법이다. 그런데 가맹점을 운영하면 이런 저런 제약이 많다. 전 지점이 동일한 레시피를 제공해야 프랜차이즈를 찾는 고객의 요구에 맞출 수 있기 때문이다. 그래서 점주가 다른 메뉴 개발이나 서비스 등을 지역에 맞춰서 시험해 보기가 힘들다. 그러니 프랜차이즈 매장을 운영하며 현장에서 경험을 쌓고 자신만의 성공 노하우가 생기면 개인 창업에 도전해 보자. 나중에는 자신이 만든 브랜드를 프랜차이즈로 런칭하겠다는 목표로 도전한다면 진정한 성공을 이룰 수 있다.

# 프랜차이즈 무인 창업 선택 시 체크할 5가지

## 첫째, 대표의 마인드와 재무제표를 확인한다

어떤 사업을 하더라도 오너의 마인드가 가장 중요하다. 잘나가던 회사가 대표의 욕심이나 실수로 한 번에 기업의 가치가 떨어져 손실을 보는 경우도 있고, 회사가 없어지는 경우도 있다. 어떤 회사는 직영점 운영을 해본 적도 없이 기획만 가지고 운영하면서 가맹점만 오픈하다가 1년 안에 브랜드가 없어지는 경우도 있다. 또한, 대표는 잘 모르는데 그저 돈이 될 것 같아서 직원들의 아이디어만 가지고 시작했다가 몇 개의 매장을 오픈하지도 못하고 폐업하는 경우도 있다.

실무 능력도 갖추지 않은 회사가 실제로는 운영이 어려운 구조의 사업을 지속적으로 홍보하여 가맹점만 모집하기도 한다. 그리고 가맹비를 받아서는 돌려주지 않아 소송에 걸린 회사들도 있다.

최근 프랜차이즈 회사들도 많이 증가하고 있어서, 이런 저런 분쟁이 많아지면서 법적인 제도가 나오고 있지만 가맹 계약을 맺지 않고 위탁 계약을 해서 프랜차이즈 법을 피해 운영하는 불법 회사들도 늘고 있다. 그러니 단지 돈만 벌기 위해 만든 회사는 오래 갈 수가 없다.

이렇게 회사의 존속 유무가 대표의 마인드에 따라 달라지는데도 점주들은 영업 직원들의 말만 듣고 바로 계약하는 경우가 많다. 자신과 함께 사업하려는 회사가 어떤 회사인지 알아보는 것은 기본이다. 반드시 회사부터 방문하고 대표가 큰 꿈과 목표 그리고 경험이 없다면 신중하게 재고해 보도록 하자.

## 둘째, 회사의 시스템이 매출을 좌우한다

개인사업자들은 장사가 조금만 잘 되면 바로 프랜차이즈 회사를 만들어 운영한다. 그러면서 프랜차이즈 본사도 엄청나게 늘어나고 있다. 과연 장사를 조금 해 봤다고 해서 그들이 여러 매장을 관리할 만한 시스템을 갖추고 있을까?

단순히 프랜차이즈 사업을 레시피 알려 주는 사업으로만 생각하는 사람들도 있다. 프랜차이즈 사업은 물건을 파는 것이 아닌 교육 시스템을 파는 사업이다. 자신이 성공한 노하우를 바탕으로 누구나 따라하면 성공할 수 있는 시스템을 파는 것이다. 본사 역시 시스템이 구축되지 않은 상태인데 경영과 조직 관리의 기술을 가르쳐 준다고 하는 업체들이 생각보다 많다. 많은 회사가 마치 브랜드만 그럴 싸하게 만들어서 인테리어, 제품 등을 점주들에게 판매하고 물품 유통을 위한 수단쯤으로 운영하려 한다.

예전처럼 경영을 도와주고 지원해 주는 시스템은 최근에 많이 사라졌다. 로열티를 받으면 지속적인 홍보나 마케팅 운영 노하우를 알려 주어야 하는데 프랜차이즈에서 일하는 슈퍼바이저들 대부분이 자신이 직접 가게를 운영해서 성공시킨 경험이 없기 때문이다. 단지 처음 오픈을 위한 준비 과정만 도와주고 대부분 점주가 알아서 해야 한다. 운영이 잘 안 될 때에도 솔루션을 바로 제공할 수 있는 본사 담당자들을 찾기가 어렵다.

대부분 본사도 인력에 대한 고정비가 많이 들기 때문에 매장이 수백 개 정도 만들어지지 않는 한 여유가 없다. 특히, 제품을 자체 제작하는 회사는 회사에서 재고를 떠안으면서 운영하는 곳도 있다. 너무 본사에 의존할 필요는 없지만, 본사 시스템을 제대로 갖춘 회사를 선택하면 어려울 때 컨설팅을 받기도 쉬우니 회사 자체 시스템을 꼼꼼하게 체크해야 한다.

회사 시스템이 잘 갖춰져 있는지 체크하는 방법은 고객으로서 직접 직영 매장에 방문해 보는 것이다. 손님의 입장에서 가게가 잘 운영되고 있는지, 매뉴얼은 잘 지키는지, 맛은 잘 유지되는지, 직영점은 장사가 잘 되는지, 고객 응대를 잘 하고 있는지를 체크해 보면 본사의 수준을 알 수 있다. 자신의 매장도 운영이 안 되는데 남의 매장을 어떻게 컨설팅해 줄 수 있겠는가? 어려울 때 홍보는 어떻게 하는지, 고객 관리는 어떻게 하는지, 그들의 현장에서 꼼꼼히 살펴보자.

프랜차이즈의 장점은 동일한 수준의 레시피와 고객 관리, 홍보 관리 시스템이다. 그게 잘 구축되지 않은 직영점을 운영한다면 그 회사에서 더는 배울 게 없다. 계약서에 덜컥 사인하기 전에 꼭 체크해 보자.

## 셋째, 직영점 운영에서 경영 노하우가 보인다

프랜차이즈 가맹점을 운영하는 점주들이 가장 많이 하는 이야기는 '회사가 도와주는 게 너무 없다'는 것이다. 더욱이 제대로 경영해 본 적도 없는 신생 회사는 자금이 부족해 회사 인력도 제대로 갖추지 못하고 운영하는 회사가 많다. 그러다 보니 아이템이 좋아서 시작한 점주들은 그저 본사 말만 믿고 창업했다가 낭패를 보는 경우가 비일비재하다.

초보 창업자들은 준비 과정부터 장사하는 방법을 배우기 위해 가맹비를 지불하면서 프랜차이즈를 선택했는데도 본사 역시 운영 노하우가 없어서 아무런 도움이 안 된다. 그런 회사는 본사에서도 매출에 대한 솔루션이 없어서 직영점이 더 어려운 경우도 많다. 그러다 보니 창업이 처음인 사장들은 물어볼 곳이 없어 먼저 창업한 다른 지점 사장들에게 연락해서 물어보면서 일을 배우기도 한다. 프랜차이즈 회사와 미팅을 하면 가맹 본사에서는 매출이 가장 잘 되는 사례만 언급한다. 그래서 무인 창업을 하면 마치 하는 일이 없이 저절로 돈이 벌린다고 생각하는 경우가 많다. 그렇게 제대로 알아보지도 않고 좋은 부분만 보고 창업하는 경우가 많아서 매출이 나오지 않으면 본사의 책임으로 생각하고 분쟁이 일어나는 경우도 있다. 이 모든 운영 부분을 먼저 점검하려면 직영점 매출 자료를 보면 정확히 알 수 있다. 프랜차이즈 등록이 정식으로 되지 않은 회사는 로열티를 받을 수 없다. 그러니 회사의 자료를 먼저 받아 보고 판단한 후 확실한 회사를 선택하자.

**넷째, 회사의 마케팅 능력에 따라 브랜드 파워가 생긴다**

프랜차이즈 회사 중에는 마케팅을 전문으로 했던 회사가 프랜차이즈 가맹 사업을 하는 경우가 많으며, 정확한 타깃을 정해 두고 브랜딩하는 편이다. 만약 타깃이 젊은 사람들이라면 인스타나 블로그 홍보를 적극적으로 진행한다. 타깃팅이 잘 되면 1년 만에도 많은 사람에게 브랜드 이미지가 심어진다. 특히 유명한 연예인을 내세우면 노출 효과가 좋아서 홍보 효과가 커진다. 대표적으로 BHC 치킨은 전지현을 모델로 하고 나서 해외까지 사업이 확장되었다. 소주 회사 역시 모델 의존도가 높다.

블로그나 SNS 마케팅, 유튜브 채널을 활용한 마케팅도 효과가 높은 편이다. 젊은 여성을 대상으로 하는 뷰티, 육아 콘텐츠는 이러한 효과적인 마케팅 채널을 적극적으로 활용하고 있다. 이렇게 아이템에 따라 다양한 홍보 방법이 있기 때문에 본사의 마케팅 능력이 충분히 뒷받침해 줘야 브랜드가 알려진다. 브랜드가 충분히 홍보가 되면 지점들은 덩달아 새로운 고객을 확보할 수 있다. 요즘은 배달 앱에서 맛집 랭킹 1위에 올리는 마케팅 방법도 많이 사용한다. 이런 방법은 동네 사람들에게 홍보하기 좋다.

프랜차이즈 본사는 메뉴 개발과 제품 개발을 게을리하지 않고 경쟁에서 뒤처지지 않도록 꾸준히 노력과 투자를 해야 한다. 프랜차이즈 아이템 중에는 유행을 타는 것이 많다. 그래서 오픈한 지 한 달 만에 바로 옆에 동일한 업종이 입점하는 경우도 흔하다. 이러한 경쟁 속에서 매년 동일한 아이템으로 장사를 한다면 매출은 점점 떨어질 수밖에 없다. 그러니 회사가 꾸준히 신제품을 개발하는지와 제품의 타깃에 맞는 홍보 및 노출을 잘 하고 있는지도 반드시 체크해야한다.

## 다섯째, 성장하지 않는 브랜드는 오래 못 간다

프랜차이즈 매장은 한 브랜드가 전국에 개설할 수 있는 목표 양이 달성되면 더 이상 새로운 매장을 오픈하지 않고 운영이 어려워진 매장을 양도 양수하거나 폐업한 기존 매장을 다시 오픈하는 정도로 관리한다. 새로운 가맹점이 무한대로 개설되지 않기 때문에 또 다른 브랜드를 런칭해서 다시 지점을 개설한다. 이렇게 정해진 상권과 오픈할 수 있는 지점의 개수가 정해진 사업을 하다 보니 프랜차이즈 회사는 초기에 어느 정도 매장이 오픈되면 다음 브랜드를 준비한다.

그래서 보통 한 프랜차이즈 회사가 여러 가지 브랜드를 동시에 운영한다. 프랜차이즈 회사는 지점을 개설하면서 이윤이 생기고, 그 외는 유통을 통해 운영비 정도만 충당하기 때문에 새로운 아이템을 개발하거나 다른 브랜드를 보고 벤치마킹하여 오픈하는 경우도 많다.

경험이 부족한 신생 회사가 인기를 끄는 아이템을 브랜딩하면, 창업주들이 아이템만 보고 찾아와 매장을 오픈하기도 한다. 하지만 한때는 열풍이 불어 동네마다 매장이 생겼다가도 3년 정도 지나면 점점 사라지는 브랜드 아이템이 대부분이다. 그러다 보니 지점을 개설한 점주들은 3년 안에 수익을 내지 수입을 벌지 못하면 현상 유지도 어려워진다. 또, 갑자기 유행하는 아이템을 선택하면 그 인기도 빨리 사라지고 만다.

또한 아이템이 좋아서 처음에 시작하는 브랜드의 오픈 지점 혜택을 받아 10개 지점도 채 오픈하지 않은 신생 브랜드를 창업하면, 지점이 10개 이상 늘어나지 못해서 결국 회사가 문을 닫을 수도 있다. 그래서 결국은 개인 가게로 돌려 운영하는 매장들도 많다.

올바른 선택을 하려면 창업자 자신이 많이 알아보고 조사할 수밖에 없다. 함께할 회사가 준비가 부족하고 실력이 없어도 아이템이 좋아서 선택했다면, 지점 운영은 회사에 기대기보다는 스스로 해결해야 한다. 프랜차이즈 회사에는 처음 시작할 때 도와주는 정도만 기대하고, 나머지 운영은 사장으로서 스스로 고민하고 경험을 통해 깨우쳐 나가야 하는 자신의 몫이다. 결국 자신의 사업은 누가 대신해 주지 않는다. 아무리 좋은 회사를 만나도 자기 능력에 따라 매출은 차이가 난다. 이게 바로 전국에 오픈한 많은 프랜차이즈 매장의 매출이 모두 다른 이유이다.

반면에 노하우가 있는 경험 많은 회사를 만나서 장사가 잘 되는 것을 보고 시작했다면 반드시 다음 사항을 명심하자. 자신의 생각대로 운영하지 말고 본사 매뉴얼을 준수하면 적어도 직영점만큼 성공할 수 있다. 프랜차이즈 매장 중 매뉴얼을 준수하지 않아서 중구난방으로 운영하는 곳이 생각보다 많다. 고객들은 한 매장만 방문하는 것이 아니기 때문에 이 점을 바로 알아차린다. 그래서 같은 브랜드 매장이라도 더 좋은 곳으로 이동하기 마련이다.

처음 매장을 오픈하면 기존 매장들보다 매출이 더 잘 나오는 경우가 많은데, 보통은 처음 장사할 때는 본사 매뉴얼대로 잘 따라하기 때문이다. 그러나 장사에 점점 익숙해지면서 검증되지 않는 자신

166

의 방식대로 바꿔서 운영하기 시작하고, 보통은 그러면 점차 매출이 떨어지며 안 좋은 결과를 낸다.

지금까지 언급한 프랜차이즈 회사 선택 시 꼭 알아야 할 5가지 기준은 아주 기본적이면서 반드시 알아야 하는 부분이다. 이것을 알고 시작하는 사람들과 그렇지 않은 사람들의 운영과 매출은 달라질 것이고 장사의 만족도 역시 달라질 것이다. 탄탄한 프랜차이즈 회사를 잘 선택하고 운영을 하며 회사에 대한 믿음과 신뢰가 쌓이면 자부심을 가지고 사업을 해 나갈 수 있다. 그리고 그 결과는 성공으로 돌아올 것이다.

창업 준비를 하다 보면 시설 공사를 본사에서 안내하는 대로 해야하는 업종이 있고, 어느 정도는 점주가 셀프로 할 수 있는 업종도 있다. 뭐가 더 좋고 나쁘다고 할 수는 없지만, 최대한 비용을 줄이려면 직접 시설 공사를 하는 것이 좋다. 단, 창업이 처음이라면 본사에서 안내해 주는 대로 창업하는 것이 시간을 줄이는 방법일 수도 있다.

공사 경험이 전혀 없는데 무리하게 셀프로 시공하기보다는 본사에 맡겨 진행하는 것이 훨씬 효율적이며 안전하기도 하다. 상가를 계약한 후부터는 시간이 돈이다. 공사가 시작되는 순간부터 임대료는 나가기 때문이다. 잘못하면 오픈 시기만 늦어져 더 큰 손해를 볼 수도 있으니 신중하게 결정해야 한다. 하지만 자신이 어느 정도 품목별 단가를 알고 본사와 미팅하면 분명히 조율할 수 있는 부분이 있다. 아무리 업체에 맡긴다고 해도 아무것도 모르는 상태에서 돈만 지불하면 나중에 불만족스러운 부분이 생기기 마련이다.

본사는 창업자의 모든 업무를 대신해 줌으로서 효율적인 창업을 돕기 때문에 당연히 본사를 통해 진행하는 일은 비용을 더 지불하는 게 맞다. 프랜차이즈 회사는 회사를 운영하기 위한 비용이 지점 오픈 비용에 모두 포함되어 있으며, 자신들의 브랜드와 노하우를 제공한다. 그러니 본사에 시설 시공을 맡길 때는 비용을 좀 더 지불한다는 생각으로 진행하자. 하지만 무리하게 폭리를 취하는 부분이 있다면 의견을 제안하고 적정한 선에서 조율해 보자. 그러면 만족스런 금액으로 창업할 수 있을 것이다.

# 프랜차이즈 가맹 시 필요한 체크리스트

| 체크리스트 | 확인 내용 |
|---|---|
| 가맹비 유무 | 가맹비의 유무는 회사마다 다르다. 가맹비가 없거나 있어도 소규모 창업, 무인 창업은 대략 0~700만 원 정도이다. |
| 교육비 유무 | 교육비가 없는 회사도 있으며 보통 300~500만 원 정도이다. |
| 최소 매장 평수 | 최소 평수를 제안하는 경우도 있고, 평수 제안이 없는 경우도 있다.<br>반드시 최소 평수를 확인하자. |
| 평당 인테리어 비용 | 최소 기준 평수에 대한 금액과 추가되는 부분의 평당 단가가 따로 정해진다.<br>점주가 인테리어 시공을 따로 할 수 있는지도 확인한다.<br>단, 별도 시공 시 감리 비용이 발생한다. 평당 시공비는 대략 200~250만 원 정도이다. |
| 간판 및 홍보 내용 | 간판은 본사가 하는 경우가 대부분이지만, 협의도 가능한지 확인한다.<br>지점 오픈 홍보를 본사에서 진행해 주는지와 어떤 식으로 진행하는지 확인한다. 간판, 사인물은(배너, 전단지 등) 보통 (10평 기준) 최소 250~500만 원이다. |
| 시설물 집기류 | 보통 새 제품을 사용하지만 중고로 구입하기도 한다. 소자본 창업은 직접 구매할 수 있는 경우도 있다. |
| 임대 물품 여부 | 회사마다 냉장고 ,냉동고 등의 물품을 임대해 주기도 한다. 단, 임대 물품은 해지 시 위약금이 발생할 수 있다. |
| 키오스크 시스템 | 현금, 카드, 카카오페이, 지역 페이 등 결제 방식이 다양한지 확인한다. 또한, AS가 어떻게 이루어지는지 꼼꼼히 확인한다. |
| 초도 물품 비용 | 초도 물품 비용이 많은 아이템이 있다. 물품 비용이 선불인지 후불인지 확인한다.<br>최근 적립식으로 결제 계좌에 넣어 두고 주문 시 차감하는 경우가 많다. |
| 보안 시스템 | 무인 창업은 최소 8개의CCTV 채널이 필요하다.<br>출입구 카드 인증 등 무인 시스템 운영 방식을 확인한다. |
| 별도의 추가 비용 | 철거, 냉난방기, 전기, 배수 등 업종과 상가 상태에 따라 추가 비용이 많이 발생되기도 한다.<br>반드시 추가 예산을 최소 1,000만 원 이상은 준비하자. |

이제는 평생직장이 없는 것처럼
100년 장사하는 매장도 거의 없다.
시대에 맞는 아이템을 잘 찾아 기회를 잡고
흐름에 따라 서핑을 즐기는 장사꾼이 되어야 한다.

Chapter 6

# 무인 창업
# 대표 아이템
# 분석하기

## 🔍 위기를 기회로 만드는 무인 창업 아이템

많은 매장이 무인 시스템인 키오스크를 도입하고 있고, 대기업에서는 화상 시스템 교육과 재택근무 제도를 활용하는 등 세상에 적응하기 위해 사회도 꾸준히 진화하고 있다. 사람들은 위기에서 기회를 찾고 적응해 나간다. 자영업 시장도 마찬가지이다. 그 형태도 매우 다양한데 1인 창업, 무인 창업, 소자본 창업, 부업 등으로 다양한 아이템이 등장했다. 온라인 창업은 물론 오프라인 창업 시장에서는 해외여행을 못 가는 사람들의 여가를 위한 캠핑이나 풀빌라, 대형 베이커리 카페 창업이 많이 늘었다. 또한, 10평 미만의 소자본 매장이나 1인 창업이 크게 늘었다. 20평대 식당 자리에 두 개의 무인 창업이 입점하는 경우도 많다.

172

이러한 분위기는 우리나라 GDP가 증가하면서 선진국으로 갈수록 중산층은 감소하고 상류층과 서민층이 증가하는 양극화 현상과도 관련이 있다. 이런 시대에는 사람들에게 어느 정도 필요한 재화의 보급이 끝나면, 다음 단계인 프리미엄 고급화를 지향하는 고객층이 생겨난다. 그리고 서민들의 요구에 맞는 가성비 좋은 제품들도 많이 팔린다. 이런 시장 흐름 속에서 개인이 상품을 만들어서 창업하여 살아남기는 점점 더 힘들어진다. 자본을 가진 사람들이 더 빠르게 시장에 진입하기 때문이다. 개인 사업이 살아남는 방법 중 하나는 기업의 트렌드를 읽고, 제품을 잘 만들어서 세상에 내보이는 시스템을 활용하는 것뿐이다.

이제는 평생직장이 없는 것처럼 100년 넘게 대를 이어 장사하는 가게도 거의 없다. 그러니 하나의 기술이나 아이템에 의지하지 말고 세상이 원하는 아이템을 잘 찾아서 돈을 벌 수 있는 기회를 잡으며 시대의 흐름에 따라 서핑을 즐기는 장사꾼이 되어야 한다.

이번 장에서는 무인 창업 대표 아이템에 대해 자세히 알아보자. 특히 셀프 빨래방, 밀키트 전문점, 아이스크림 할인점, 정육점, 무인 고시원과 고시텔, 스터디카페, 애견용품점 등에 대한 전반적인 창업 정보와 입지 선정 및 창업 비용, 수익률에 대해 자세히 다루었다. 지금부터 나에게 맞는 무인 창업 아이템이 무엇인지 살펴보자.

## 셀프 빨래방

20세기 초 누구보다도 빨리 세탁 노동을 기계화시킨 유럽과 미국에서는 일찍이 일상생활에서 꼭 필요한 노동인 세탁에 관심을 가졌다. 그래서 쾌적한 세탁 환경을 만들어 주거 공간과 가까운 전용 세탁실을 설치하였다. 그리고 노동의 경감과 시간을 절약하기 위해 보다 전문적이고 작업 효율이 높은 산업용 기계를 발명하였다. 우리나라 역시 1인가구가 증가하는 추세이고, 베란다를 사용하지 않는 주거 환경이 늘어나면서 셀프 빨래방이 증가하기 시작했다. 셀프 빨래방은 약 8년 전부터 우리나라에 등장해서 2017~2019년에 크게 늘어 현재는 전국에 약 6,000개의 매장을 오픈했다. 이곳에서는 합리적인 비용으로 전문 세탁 장비를 이용할 수 있으며 1시간에서 1시간 반 정도면 빨래부터 건조까지 완료된다. 고객은 세탁기가 빨래를 하는 동안 다른 일을 보거나 매장에서 휴식을 취할 수 있다. 이런 편리함과 문화적인 환경을 배경으로 빨래방 이용 인구가 급속도로 증가하기 시작했고, 셀프 빨래방은 전국 방방곡곡으로 확산되었다. 그래서 빨래방을 한 번도 이용해 본 적이 없는 사람은 있어도, 한 번만 이용한 사람은 없다고 말한다. 셀프 빨래방은 부피가 크거나 양이 많은 빨래도 한번에 빨 수 있다는 편리함과 위생적이고 깨끗하게 처리되는 빨래에 대한 만족감이 높아 재방문 이용률이 아주 높다.

셀프 빨래방 사업은 역시나 기기가 가장 중요하다. 무엇보다 고장이 없고, 세탁이 잘 되고, 관리가 쉬운 기기를 들여 놓아야 한다. 현재 대부분 셀프 빨래방에는 해외 직수입 기기가 전국 매장의 90% 넘게 보급되어 있다. 세탁기 수입 유통업체는 빨래방 사업이 원래 미국이나 유럽 등에서 대형화로 이루어지고 있으며, 오래전부터 운영되어 왔기 때문에 국산 기계와 기술력에서 차이가 많이 난다고 홍보한다. 우리나라 제품은 삼성, LG가 만든 가정용 세탁기를 선호하고, 산업용 세탁기는 미국이나 유럽에서 생산한 수입 제품을 선호한다는 것이다.

그러나 알아보니 우리나라에서도 30년 전부터 산업용 대형 세탁기를 제조해서 해외에 수출하는 회사가 있었다. 이 회사도 10년 전부터 셀프 빨래방 산업용 세탁기를 주문생산해서 판매하고 있다. 예전에는 판매할 일이 많이 없어서 소량 생산했지만, 8년 전부터 빨래방이 늘어나며 산업용 빨래방 기기를 많이 생산하기 시작했다. 그동안 대형 세탁기를 제조했던 기술력을 바탕으로 바닥 진동도 잡았기 때문에 꼭 1층이 아니어도 어디든지 설치할 수 있다고 한다. 또 옷감의 두께에 맞게 세탁할 수 있고, 대용량 건조기로 짧은 시간 안에 건조가 가능하다. 무엇보다 국내 회사라서 운영 시 가장 중요한 신속한 A/S가 장점이다.

이처럼 점점 국내산 기기의 만족도가 높아지면서 수입 기계가 아닌 국내 기계에 관심을 돌리는 자영업자들이 늘고 있다. 현재 빨래방 가맹 사업은 세탁기기를 유통하는 수입 유통업자들에 의해 형성되어 있다. 그러다보니 국산 기기보다 수입 기계가 더 월등하다는 편견을 가질 수 있다. 하지만 빨래방을 창업하고 싶다면 수입이던 국산이던 실제로 직접 이용해 보고 선택하자. 자신이 직접 소비자 입장에서 이용해 본다면 답이 보일 것이다. 무엇보다 기기를 선택할 때 확인해야 할 것은 A/S 부분이다. 대부분 업체들마다 전국에 A/S 센터가 있으니 서비스가 가능하다고 하지만, 실제로 A/S 인력이 한두 명밖에 안 되는 곳이 더 많다.

창업주들은 기기업자 혹은 프랜차이즈 본사에서 A/S 팀이 많다고 설명하면, '그런가 보다' 할뿐 그것까지 직접 알아보는 사람들이 많지 않다. 그러니 사전에 셀프 빨래방 사업을 하는 사장들의 실제 사례를 찾아보고 A/S가 어떻게 이루어지는지도 꼼꼼히 따져 보자.


• 입지 선정

셀프 빨래방 창업은 오피스텔이나 원룸 등이 몰려 있는 집에서 빨래하기 어려운 1인 가구가 많은 지역이 유리하다. 그래서 아파트가 많이 밀집된 지역보다는 빌라나 오피스텔이 많이 모여 있는 곳의 수요가 더 높다. 하지만 최근에는 아파트 상권에서도 매출이 잘 나오고 있다. 다만 평수가 큰 곳보다는 평수가 작은 곳에 수요가 더 많다. 최근에는 대부분 가정용 건조기를 사용하고 있어서 평수가 넓은 집 가정에서는 보통 집에서 빨래한다. 또한 평수가 큰 곳에 사는 사람들은 연령대가 높아서 집에 머무는 시간이 많으니 당연히 빨래할 시간도 많다. 그러니 굳이 외부에서 빨래할 이유가 없다.

즉, 셀프 빨래방의 입지는 연령대가 높고, 평수가 크고, 고소득자가 많은 곳보다는 서민층이 많은 동네가 매출에 더 유리하다. 20평대 주택이 많고, 연령대가 낮으며, 빌라촌이 많은 지역이면서 주차를 할 수 있고 잠시라도 차를 세울 수 있는 공간이 있는 곳이라면 더욱 좋다. 최근에는 작은 빨래방보다는 규모가 큰 곳을 선호하는 편이다. 빨래하면서 쉴 수 있는 공간이 필요하기 때문이다. 만약 동네에 빨래방 규모가 30평대 이상에 세탁기가 5대 이상, 건조기가 5대 이상 설치되어 있는 곳이 있다면, 되도록 다른 지역을 알아보자. 이미 시설이 넓고 기기가 많은 곳이 있으니 그곳보다 더 나은 서비스를 제공하려면 많은 투자금이 필요하기 때문이다. 오히려 주변에 10평 정도의 규모가 작은 매장들만 있다면, 인근에 넓은 매장을 얻어서 기기도 5개 이상 들이고 서비스 공간도 제공해 보자. 매장에 운동화 빨래기, 안마기, 자판기 등을 갖추어 세밀한 서비스와 휴식 공간까지 제공한다면 경쟁력을 갖출 수 있다.

## • 창업 비용 및 수익률

초창기 셀프 빨래방 사업은 1억 5,000~2억 5,000만 원까지 드는 시설 창업이었다. 그러나 시설을 차려 두면 온종일 상주하지 않아도 되고 하루에 한 시간씩 청소, 동전, 세제 관리만 하면 되다 보니 종 잣돈이 있는 고소득 직장인들이나 주부들이 부업으로 창업하는 경향이 높았다.

그러다가 창업 인구가 증가하면서 수입 업체들의 경쟁이 치열해졌고, 대부분 같은 기계를 판매하다 보니 서로 마진을 낮추기 시작했다. 그렇게 셀프 빨래방의 점포 수도 많아지고 창업 비용도 낮아져서 지금은 10평 기준으로 보증금을 포함해 1억~1억 5,000만 원 미만으로 매장을 오픈할 수 있다. 물론 평수에 따라 다르겠지만, 최소 10평대에 세탁기 3대, 건조기 3대, 운동화 빨래기, 키오스크 등을 포함한 기본 시설을 기준으로 할 때의 가격이다. 평수가 넓어지고 기계가 늘어나면 그만큼 창업 비용도 늘어난다.

셀프 빨래방을 더 적은 돈으로 창업할 수 있는 방법도 있다. 바로 렌탈이나 리스를 활용하는 방법이다. 빨래방 기기들은 워낙 고가 장비들이기 때문에 프랜차이즈 회사들은 렌탈, 리스, 할부 회사와 연계해서 창업 비용이 부족한 창업자들에게 초기 비용을 낮추어 주는 방법도 제안하고 있다. 그래서 자본이 부족한 사람들도 쉽게 오픈할 수 있다. 물론 개인 신용 등급에 따라 대출이 가능한 금액은 다를 수 있으니 꼼꼼히 확인해야 한다.

고정 지출은 매달 임대료, 물세, 전기세, 세제나 섬유유연제(서비스로 제공하면 고정비가 발생하고, 구입으로 바꾸면 수입이 된다.) 정도이고, 인건비가 발생하지 않으니 순매출이 높다. 하지만 그만큼 매출 규모가 크지 않은 점도 반드시 고려하자.

3년 전부터 셀프 빨래방 창업이 늘면서 이제는 한 동네에 빨래방이 최소 3개 이상 되는 곳도 많아졌다. 하지만 아직 셀프 빨래방 사업이 포화 상태라고 볼 수 없다. 우리나라의 인구 대비 아직 50~60%도 오픈하지 않은 상태이다. 그리고 예전에는 혼자 사는 가구들이 주 고객이라면, 최근에는 아파트나 빌라에 사는 가정에서도 이불, 카페트, 운동화 등의 빨래를 위해 이용한다. 빨래방을 이용해 본 고객은 그 편리함과 빨래의 쾌적함에 만족도가 높은 편이다. 최근에는 세탁소 프랜차이즈들도 멀티숍 개념으로 셀프 빨래방 점포를 늘리고 있는 중이다. 예전에는 10평 정도의 매장에 기기만 들이는 창업이 대세였다면, 최근에는 프리미엄 멀티숍 개념으로 세탁+셀프 빨래방, 아이스크림+빨래방, 무인 카페+빨래방, 편의점+빨래방 형태로 서비스와 규모가 다양화하고 있다.

셀프 빨래방 사업의 최고 강점은 비대면 사업이라는 것이다. 하루 12시간씩 일하면서 돈을 버는 게 힘든 은퇴자들, 한 달에 200만 원만 더 벌었으면 하는 사람들에게 무인 셀프 빨래방 사업은 인기 아이템이 되었다. 그리고 이미 전국에 6,000개 이상 빨래방이 있지만 최근 창업자들은 더 편리한 프리미엄 공간과 더 많은 기기를 설치해서 기존 점포와 차별을 꾀하고 있다.

셀프 빨래방 창업은 고정 지출이 낮은 대신 매출도 다른 업종에 비해 낮다. 대략 잘 되는 매장들의 총매출이 500~1,000만 원이다. 그래서 지출 중에서 가장 큰 임대료에 따라 순수익이 달라진다. 임대료가 높지 않은 곳에 오픈하면 순수익이 안정적으로 유지될 수 있다. 또한 빨래방을 이용하는 사람들은 빨래를 위해 편한 복장으로 다니기 때문에 거주지에서 가까운 곳 그리고 주차가 편한 곳을 선호한다. 그런 목적으로 입지를 찾는다면 임대료가 비싼 상업지보다는 저렴하고 한적한 지역도 나쁘지 않다. 그러니 안정적으로 수익을 내고 싶다면 순수익 250~300만 원 정도만 생각하고 창업을 하자.

한 대학교수 부부는 은퇴 후 연금을 받지만, 둘이 합쳐서 월 400만 원 정도였다. 이전 직장에 다닐 때 소득의 절반밖에 되지 않아서 삶이 그리 넉넉하지 않았다. 목돈을 은행에 넣어 두어도 이자가 너무 낮으니 부부는 셀프 빨래방 두 개를 창업하기로 했다. 그러자 안정적으로 한 달에 400만 원 정도의 소득을 추가로 벌기 시작했다. 그래서 아침마다 운동하고 매장에 가서 차를 마시면서 쉬었다가 기기 관리도 하고 집에 온다고 한다. 부부는 자신들의 일터가 있다는 것을 무척 행복해 하며, 특히 연금과 셀프 빨래방 소득으로 안정적인 생활을 누리고 있어 삶에 대한 만족도가 아주 높았다.

만약 소득 목표가 한 달에 1,000만 원 이상이라고 하면 매장을 여러 개 운영 관리하면 된다. 셀프 빨래방만 14개를 운영하고 있는 50대 사장이 있다. 사람들은 엄청 바쁘게 일할 거라고 생각하지만 전혀 그렇지 않다. 매장에서 나오는 지속적인 순수익이 2,000만 원 대이기 때문에 직원에게 청소 및 기본 관리를 맡기고 수금과 직원 관리만 본인이 한다. 이런 장점 때문에 은퇴 후 경제적, 시간적 자유를 누리고 싶은 직장인들이 매장을 몇 개씩 차려 두고 하루에 한두 시간씩만 관리하면서 제2의 연금을 받는다. 셀프 빨래방은 생활형 아이템이기 때문에 사라지지 않고 지속적으로 변화하면서 성장할 것이다.

### 밀키트 전문점

2021년부터 무인 창업 열풍을 불러일으킨 밀키트는 최근 전국의 동네 상권을 접수하기 시작했다. 밀키트(meal kit)란 식사를 뜻하는 밀(meal)과 세트라는 의미의 키트(kit)가 합쳐진 말로 요리에 필요한 손질된 식재료와 딱 맞는 양의 양념, 조리법을 세트로 구성해 제공하는 제품이며 '쿠킹 박스', '레시피 박스'라고도 한다.

식당에서 먹을 수 있는 메뉴를 집에서 간편히 조리만 해서 먹을 수 있으니 간편식보다 맛이 좋고 외식보다 저렴한 비용에 음식을 즐길 수 있다. 이런 장점으로 밀키트 프랜차이즈 업체인 '담꾹'은 2020년 8월에 1호점을 오픈한 이래 2022년 현재 450개가 넘는 매장을 오픈하며 급성장하였다.

가맹 사업이 시작한 지 불과 2년도 안 되었는데 전국에 400여 개의 매장을 오픈한다는 것은 경이로운 숫자다. 코로나로 인해 식당에 가기 힘든 환경은 더 빠른 속도로 밀키트 시장을 키우고 있다. 최근에는 기존 자영업자들의 점포 변경도 많고, 창업 연령대도 70대까지 높아졌다. 조사에 따르면 2022년에 밀키트 사업 규모는 5조 원 이상으로 성장할 것으로 보인다.

밀키트 전문점은 시대의 변화에 따라 반짝하고 없어질 아이템은 아니다. 그러나 빠른 속도로 가맹점 수가 늘고 있는 만큼 앞으로 편의점만큼이나 경쟁이 치열해질 것으로 예상된다.

## • 입지 선정

식당과는 달리 특별한 타깃 연령층이 있는 게 아니기 때문에 한 장소에서 다양한 메뉴를 판매할 수 있다. 그래서 생활형 상권인 마트 근처나 퇴근길 동선에 입점한다면 괜찮은 매출을 올릴 수 있는 아이템이다.

최근 빠른 속도로 밀키트 전문점이 늘고 있고 대부분 프랜차이즈 브랜드들이 시장을 선점하고 있다. 개인이 창업한다면 무엇보다 맛과 가격에서 경쟁력이 있어야 한다. 아무리 좋은 위치를 선점해도 맛이 떨어진다면 소비자는 금세 다른 곳으로 이동할 것이다. 기본 조건인 맛과 가격 경쟁력에 자신이 있다면 어느 정도 권리금을 지불하더라도 좋은 입지를 선정해 창업하자. 그러면 월 400~800만 원까지 순수익을 낼 가능성이 있다. 대부분 소자본 창업은 권리금과 임대료가 싼 외진 곳에 오픈하기 쉬운데, 그러면 월 200만 원 이상 수익을 내기 힘들다.

하지만 권리금이 높다고 다 좋은 입지는 아니다. 주변 세대수를 체크하여 최소 5,000세대 이상인 동네의 장사가 잘 되는 마트 근처와 잘 되는 과일 및 채소 가게, 정육점 근처에 매장을 오픈하면 안정적인 수익을 기대할 수 있다.

## • 창업 비용 및 수익률

밀키트 전문점의 창업 비용은 대략 10평을 기준으로 했을 때 5,000~9,000만 원 정도이다. 물론 프랜차이즈 회사의 홈페이지에는 3,000~4,000만 원 대로 안내하기도 하지만 냉난방기와 철거비, 무인 시스템, 전기 증설 등 지점 상황에 따라 추가 비용이 발생한다. 그러니 예산을 세울 때 이런 부분을 감안하고 준비해야 한다.

밀키트 전문점은 전체 매출의 40~45% 정도가 식자재 비용(포장 용기, 로스율 포함)이다. 거기에 임대료, 인건비(자신이 직접 운영하는지와 직원을 채용하는지에 따라 다름), 공과금 등이 고정 지출이다. 일 매출 20만 원인 매장을 오토 매장으로 운영 시 약 150~200만 원의 소득이 발생한다. 반면, 입지가 좋은 지점은 권리금으로 인해 초기 투자금이 높지만, 월 소득도 높다. 권리금이 1억 원 정도인 대표 상권에 입점한 밀키트 전문점은 일 매출이 100만 원 정도 나오기도 한다. 그러면 월 매출 700~800만 원 정도의 소득이 발생한다.

밀키트 전문점은 무인 창업이지만 반드시 자신이 일을 해야 하는 부분이 있다. 온종일 상주할 필요는 없지만, 음식점처럼 조리하고 설거지하고 재료를 손질하는 부분에서 해야 할 일이 적지 않다. 완전 패킹된 상품을 받아서 진열만 하는 경우도 있지만, 그러면 원가율이 높아진다는 단점이 있다. 어느 정도 판매가 되면 직원을 채용할 수도 있고, 자신이 직접 일해서 수익률을 높일 수도 있다.

무인으로 운영한다고 해서 일이 없는 것은 아니다. 무인 창업이라고 해서 차려 놓기만 하면 알아서 매출이 발생하지는 않는다. 그러나 모든 사업은 자신이 얼마만큼 노력하는지에 따라 달라진다. 그러니 자신이 먼저 수입에 대한 기준을 세우고 사업을 시작해야 실패하지 않는다.

어떤 사람은 1억 원을 투자해서 큰 노동 없이 한 달에 200만 원을 벌 수 있는 것에 만족하기도 하고, 1억 원을 투자해서 월 500~1,000만 원을 기대하는 사람도 있다. 그러나 온종일 매달려 전업으로 하루 12시간씩 일하고도 1,000만 원 벌기가 힘든 매장이 90%가 넘는다. 그러니 현실적으로 어느 정도의 수입을 벌 수 있는지 잘 따져 보고 자신에게 맞는 아이템을 선택하자.

만약 1억 원으로 월 1,000만 원을 꼭 벌고 싶다면, 온종일 일하는 아이템으로 노동과 서비스가 함께 들어간 일을 하면 가능하다. 아니면 투자를 더 해서 여러 개의 매장을 오픈하면 자신이 원하는 소득을 얻을 수 있다. 그러니 자신이 원하는 소득을 먼저 정하고 그에 맞는 아이템을 찾자.

## 아이스크림 할인점

2020년부터 2021년까지 비대면 사업으로 가장 많은 무인 매장을 오픈한 아이템은 바로 무인 아이스크림 할인점이다. 2021년 현재 전국에 무인 매장이 약 4,000개가 넘었다. 이렇게 많은 매장이 짧은 시간 안에 오픈할 수 있었던 이유는 개인 창업과 프랜차이즈 창업이 같이 성장했으며, 특히 창업 비용이 약 2,000~3,000만 원(보증금과 권리금 제외) 정도밖에 들지 않아 소규모 투자가 가능하기 때문이었다. 또한 20~60대까지 누구나 창업할 수 있는 아이템이고, 편의점처럼 기존에 있는 제품을 진열만 해서 판매하는 형태로 관리도 쉽다.

그러나 세대수와 상권도 분석하지 않고 무분별하게 오픈하는 매장들이 생기며 일 매출 10만 원 정도밖에 안 되는 가게도 있다. 순수익이 약 30%이기 때문에 300만 원을 벌면 순익이 100만 원도 안 된다. 그러면 아무리 투자금이 낮아도 벌어들이는 게 너무 적어서 원금 회수 기간이 상대적으로 오래 걸릴 수밖에 없다. 게다가 인근에 더 많은 종류의 상품을 취급하는 판매점이 생기면 바로 타격을 입는다. 그러니 임대료가 싸다고 바로 오픈하기보다는 충분한 배후 세대를 확인하는 신중함을 갖자.

• 입지 선정

최소 2,000세대 이상의 아파트 단지가 있고, 인근에 초등학교나 중학교가 있으며, 아이들이 등하교하는 동선에 있는 장소를 잘 골라야 안정적인 매출을 확보할 수 있다. 또한, 임대료도 무조건 저렴하다고 좋은 장소는 아니다. 세대수 대비 적정 임대료를 측정하고 좋은 입지에 입점한다면 만족할 만한 기대 수익을 얻을 수 있다.

아이스크림 할인점은 인근에 편의점이나 마트가 있어도 큰 영향을 받지 않는다. 기존의 판매점들보다 다양한 종류의 상품을 취급한다는 장점이 있고 가격 경쟁력도 있기 때문이다. 또한 전문점답게 냉장고는 최소 8대 이상 갖추면 좋다. 결국, 다양한 품목과 저렴한 가격 그리고 고객이 찾는 제품 구성력에 따라 매출이 달라진다.

무인 점포는 진열만 잘해서 매출이 나오는 것이 아니다. 판매량을 지속적으로 체크하고 그 지역에서 많이 나가는 제품과 인기 있는 제품을 꾸준히 발굴하여 고객이 식상하지 않게 관리하는 노력이 필요하다. 세상에 노력하지 않고 저절로 되는 사업은 없다.

임대료는 100만 원 전후가 적당하며, 보증금이나 권리금이 높은 지역을 잘못 선택하면 위험 부담이 크다. 어느 정도 고객 확보가 가능한 곳이면 월 순익 500만 원 정도까지 가능하다. 판매업에서 가장 중요한 것이 입지이니, 무엇보다 입지 조사를 철저히 한 후 시작한다면 좋은 결과를 가져올 수 있다. 단, 입지 조사를 하지 않은 무조건 임대료가 싼 곳만 찾는다면 오히려 실패할 수 있으니 주의하자.

### • 창업 비용 및 수익률

아이스크림 할인점 창업에 필요한 비용을 정리해 보자. 프랜차이즈로 오픈하면 가맹비, 교육비, 인테리어비, 간판비, 셀프 계산대(키오스크), CCTV, 건기 증설, 기타 비품 비용 등을 합산하여 보증금과 권리금을 제외하고 대략 2,000~3,000만 원의 비용이 든다.

최근에는 프랜차이즈로 창업하는 경우가 많으며, 가맹 사업에 주력하는 곳이 늘어나면서 창업자들에게 유리한 조건으로 계약하는 사례가 많아졌다. 만약 개인 창업이 어렵고 번거롭다고 느낀다면 프랜차이즈 업체를 알아봐야 하는데, 업체를 선정할 때는 반드시 체크해야 할 사항이 있다.

첫째, 매장 선택 시 평수 제한이 있는지 확인한다. 상권 분석에 대한 지원이 되는지도 함께 알아보자. 둘째, 가맹비와 교육비가 얼마이고, 그 혜택은 무엇인지 알아본다. 셋째, 인테리어를 할 때 시공을 별도로 할 수 있는지와 평당 인테리어 비용이 50~60만 원 정도인지 체크한다. 또한, 간판은 시공을 별도로 할 수 있는지, 본사 의무 사항이라면 비용은 타사 업체에 비해 적정한지도 따져 보자. 넷째, 아이스크림 냉동고를 무상 임대해 주는지와 함께 기기가 중고인지 새 것인지도 확인한다. 무엇보다 임대를 한다면 위약금 또는 옵션이 따로 있는지도 알아본다. 다섯째, 셀프 계산대에 다양한 결제 방식이 있는지 확인한다. 네이버페이와 지역 페이, 카카오페이 등이 가능한지도 확인하며, 매장의 실시간 확인 및 제어가 가능한지, 성수기와 비수기를 대체할 수 있는 제품이 있는지도 체크해야 한다. 그리고 아이스크림은 개당 400~1,000원짜리를 판매하기 때문에 하루에 몇 개를 판매할 수 있는 지역인지 따져 보는 것도 매우 중요하다.

아이스크림은 마진율이 25~30%이다. 일 매출이 20만 원이라면, 월 매출은 약 600만 원이고, 전체 매출에 '아이스크림 원가+임대료+관리비' 등의 고정 지출은 전체 매출의 70%인 약 420만 원이 된다. 이 비용을 공제하면 약 150~180만 원이 순수익이다. 그러면 객단가를 높게 잡아서 1만 원으로 가정해도 하루에 20명은 방문해야 하고, 객단가를 3,000원으로 잡았을 때 하루 매출이 20만 원이 되려면, 약 70명이 방문해야 한다. 그리고 어린이 고객이 많은 곳이라면 객단가는 그보다 더 낮을 것이다. 그래서 아이스크림 매장은 반드시 숍 인숍으로 과자류나 애견 식품 등 다른 상품을 함께 진열해 객단가를 올려야 안정적인 매출을 유지할 수 있다. 무인 아이스크림 할인점처럼 객단가가 낮은 아이템은 객단가를 올리는 것이 매출을 올리는 가장 효과적인 방법이다.

매장 업무는 재고 관리와 함께 지역에 맞는 상품을 선정하고, 항상 청결 상태를 유지하는 게 가장 중요하다. 하루에 한 번, 가장 바쁜 시간대가 끝나갈 때쯤 방문해 꼼꼼하게 관리하면 청결한 매장을 유지할 수 있다. 또한, 제품이 바로 채워지지 않거나 신제품이 없다면 매출과 직접적으로 연관이 되니 반드시 재고 관리와 신제품을 관리하는 일을 게을리하면 안 된다.

판매업은 특별한 기술이나 맛을 요구하는 일이 아니기 때문에 아주 높은 수익을 바랄 수는 없지만, 은행 이자보다 높은 투자라고 생각한다면 좋은 아이템이다. 그러나 많은 곳에 매장이 생기고 있고, 지금도 꾸준히 늘고 있기 때문에 좋은 입지를 찾기 위해서는 발품을 많이 팔아야 한다.

### 정육점

"정육점을 하면 망하지는 않는다."라는 말이 있다. 그 정도로 정육점은 생활 속에 없어서는 안 될 필수 아이템이다. 그래서인지 동네마다 정육점 창업에 뛰어든 젊은 사장들이 많이 보인다. 이전에 정육점 창업을 하려면 고기 다루는 기술만 배우는 데 최소 3~5년이 걸렸다. 이렇게 진입 장벽이 높았기 때문에 매장만 오픈하면 돈을 벌 수 있었다. 그러나 무인 창업에 축산 총판업체들이 뛰어들면서 누구나 정육점을 창업할 수 있게 되었다.

무인 정육점 창업의 가장 큰 장점은 주문, 재고 입출고, 반품 관리까지 총판에서 직접 실시하기 때문에 점주는 고객 관리 및 매장의 청결 관리만 집중하면 된다. 그러니 아이스크림 매장처럼 하루에 1~2시간 정도만 관리해도 운영이 가능하다. 그리고 무인 정육점 창업에서 가장 중요한 부분인 고기를 손질할 전문 인력이 필요 없다. 오랜 숙련의 시간이 필요한 기술자들은 인건비가 비싸서 직원으로 고용하기에도 부담스러웠다. 또한, 자신이 직접 배워서 창업하기에는 시간이 많이 소요된다. 반면에 정육점 무인 창업은 무엇보다 본사에서 부위별로 한 팩 용량으로 포장된 고기를 공급받기 때문에 좋을 품질의 정육을 적시에 공급받을 수 있다는 장점이 있다. 이로 인해 인건비가 절감되어 점주의 마진율이 높아져 안정적인 운영이 가능하다. 또한 밀키트, 간편 채소, 소스 등 다양한 상품을 함께 팔 수 있기 때문에 매출을 올리는 데 용이하다.

반면, 무인 정육점의 단점은 고객과의 커뮤니케이션이다. 고기는 부위 별로 요리하는 법이 다르고 같은 고기라고 해도 등급이 다르다. 그래서 고기를 고르는 요령이 없는 고객들은 정육점 주인에게 문의하며 고기를 구입한다. 무인 정육점에서는 각 상품에 대한 자세한 설명을 직접 들을 수 없으니 제품마다 상세하게 고기의 품질과 요리법 등을 써 두면 이런 단점을 어느 정도 보완할 수 있다.

또한 신선 식품을 판매하는 곳이다 보니 재고 관리가 무엇보다 중요하다. 판매가 안 된 제품은 어떤 방식으로 재고 처리를 할 수 있는지도 미리 확인해야 한다. 재고 관리 비용이 높다면 오히려 판매 매출 대비 마진율이 높지 않다.

정육점은 무엇보다 입지가 중요하다. 생활형 상권이 가장 좋지만 이런 곳은 이미 다른 정육점들이 자리를 잡고 있다. 그러니 경쟁력을 높이기 위해서는 품질과 가격이 매우 중요하며, 얼마나 다양한 육류를 취급하는지도 매출에 큰 영향을 끼친다. 해당 지역에서 잘 판매되는 제품이 어떤 것인지와 함께 상품 구성력이나 배송 주기도 꼼꼼히 관리해야 한다.

어떤 아이템이던 모든 소비자는 좋은 제품을 싸게 사고 싶어 한다. 최근 유통의 핵심은 중간 유통 과정을 줄여 소비자와 직거래하는 방식으로 바뀌고 있다. 무인 정육점도 앞으로 소비자의 기대만큼 좋을 제품을 싸게 판다면, 당연히 고객의 발길이 끊이지 않을 것이고, 총판과 매장 점주들은 안정적인 소득을 얻을 수 있게 된다.

### • 창업 비용 및 수익률

무인 정육점은 아직 시장에 진입한 초기 단계라서 브랜드가 많지는 않다. 어떤 면에서는 시장을 선점할 수 있는 기회라고 볼 수도 있다. 창업 비용을 알아 보면 10평을 기준으로 1,500~2,000만 원이고, 냉장고와 쇼케이스 등 냉장 설비를 포함하여 약 3,500만 원, 키오스크 및 간판, 보안 비용이 약 500만 원, 물품 보증금이 약 1,000만 원 정도로 총 6,700~7,500만 원 정도이다. 여기에 지역에 따라 상가 보증금과 권리금은 따로 생각해야 한다. 정육점은 생활 상권에 오픈해야 하고 주부들이 장을 보는 동선에 있어야 홍보나 매출에 도움이 된다.

육가공은 본사에서 전문 기술자들을 뽑아서 고기를 다듬고 포장하기 때문에 어느 정도 지점이 많은 본사를 찾아야 유통 구조가 맞아서 원가율을 낮출 수 있다. 현재 육가공의 원가율은 약 75~80%이다. 육류는 단가가 높아서 일 매출이 70~100만 원 정도이다. 고기 원가율을 80%로 가정하고 일 매출이 100만 원일 경우, 월 매출은 약 3,000만 원이다. 여기서 '원가(약 2,400만 원) + 임대료(약 250만 원) + 카드 수수료 및 관리비' 등의 고정 비용을 빼면 약 250만 원의 순수익이 남는다.

만약 일 매출 70만 원의 매장이라면 월 매출은 2,100만 원이고 임대료는 동일하기 때문에 월 순수익이 200만 원 미만으로 낮아진다.

무인 창업 시 주의할 점은 입지와 임대료인 만큼 주부들의 생활 상권에 위치하면서 임대료가 200만 원 미만인 상가를 잘 찾는다면 안정적인 수입을 얻을 수 있다.

약 7,000만 원~1억 원을 투자하고, 하루 2시간만 관리하며 한 달에 200~250만 원의 수입을 더 벌고 싶은 N잡을 찾는 사람들에게 추천할 만한 창업 아이템이다.

### 무인 고시원, 고시텔

예전에는 '고시원'이라고 하면 서울대 근처 또는 노량진 학원가의 공부하는 학생들이 모인 고시원 촌을 떠올렸다. 공부를 하면서 잠만 잘 수 있는 원룸식 방을 '고시원'이라고 불렀다. 그러나 최근에는 공부하는 학생뿐만 아니라 직장인들도 많이 이용하는 생활 공간으로 바뀌기 시작했다. 수도권의 집값은 급격히 오르고 수도권에서 학교나 직장을 다녀야 하는 사람들은 원룸 대신에 교통이 편리한 지역에 위치한 고시원을 찾기 시작했다. 원룸보다 보증금과 임대료가 저렴하다는 장점도 한몫했다. 이들의 수요가 늘면서 도심 지하철역 근처 상가 건물에는 고시원과 고시텔이 점차 늘어갔다.

10년 전만 해도 고시원은 방만 있고, 화장실과 주방을 함께 공유하는 주거 환경이었다. 하지만 고시원이 점차 진화해 고시텔 형태의 원룸에 화장실이 개별로 있는 방을 제공하기 시작했다. 기존의 원룸형 고시원들은 리모델링을 통해 소비자의 욕구에 맞게 변모하고 있다.

예전의 고시원은 어둡고 칙칙한 이미지에 돈을 아끼며 공부에 매진하기 위해 입주하는 곳이었다면, 지금은 깔끔하고 인테리어까지 신경 쓴 방에 카페 형태의 휴게 공간까지 갖추어진 프리미엄 고시텔로 탈바꿈했다.

앞으로 1인 가구가 점차 증가하고 수도권의 집값이 계속 오를 것을 감안한다면, 고시원과 고시텔의 수요는 점차 증가할 것이고 안정적인 임대 사업으로 각광받을 것이다.

### • 입지 분석 및 수익률

고시원 사업을 준비할 때는 고려할 것이 많다. 먼저 새롭게 창업할 것인지 아니면 기존에 있는 고시원을 인수하여 영업할 것인지를 결정해야 한다. 그리고 매장 위치를 알아볼 때는 위치와 권리금, 시설물 상태, 방 구조, 운영 방식 등에 대해 먼저 고민해 봐야 한다. 보통은 가능한 투자금에 맞춰 알아보다 보면 입지를 포기하고 돈에 맞는 물건을 정하게 된다. 그러나 고시원 사업은 임대 사업과 동일하기 때문에 수요를 가장 중요하게 봐야 한다. 고시원 이용 수요가 많은 곳을 찾기 위해서는 입실자들의 직장이나 학교에 가는 길이 편리한지 교통을 먼저 확인해야 한다. 그리고 주변의 고시원 수, 입실 대기자 수도 체크한다. 수요가 있어야 장사를 할 수 있으니 모든 사업에서 입지 분석 및 상권 분석이 가장 중요하다. 무엇보다 고시원만 조사하기 보다 주변의 오피스텔, 원룸 등의 시설 및 임대 현황 그리고 임대료를 알아야 고시원의 임대료를 결정할 수 있다.

주변에 원룸이나 오피스텔에 공실이 있고 상대적으로 임대료도 저렴하다면, 소비자들은 굳이 고시원을 이용할 이유가 없다. 고시원을 이용하는 수요는 공동생활이 불편하지만, 교통이 편리한 곳에 깨끗하고 저렴한 생활공간을 찾는 사람들이다. 반면 주변에 있는 원룸이나 오피스텔의 가격이 높고 공실이 없다면, 깔끔한 인테리어와 원룸에 화장실이 있는 형태의 고시원이 임대료도 높게 받을 수 있고 수익률도 좋다. 그러니 고시원 창업을 알아볼 때는 반드시 주변 상권 분석과 입지를 꼼꼼히 알아보고 시작하자.

연 수익률은 '$\frac{\text{연 순수익}}{\text{투자금}}$'으로 계산을 하는데 고시원은 수익률이 연간 40% 정도이다. 그러면 1억을 투자했을 때 일 년에 4,000만 원이고, 한 달에 약 330만 원의 수익을 낼 수 있다. 고시원의 주 업무라면 청소가 전부이다. 그리고 자주 바뀌는 입실자들의 계약과 입퇴실에 관한 업무를 진행하면 된다. 우량 입실자(1년 이상 장기 이용자)들이 많다면 그보다 조금만 일을 하면서 연간 40%의 수익을 얻을 수 있다. 최소한의 시간을 투자해서 안정적인 수입을 원하는 사람들이라면 도전해볼 만한 무인 창업 아이템이다.

마지막으로 고시원 창업의 장단점을 알아보자. 일단 노력에 비해 수익률이 좋기 때문에 N잡으로도 적당하다. 고시원은 임대 사업이라 특별한 기술이 필요한 분야는 아니다. 만실이 되고 나면 기본 유지 관리에만 힘쓰면 된다. 고시원의 홍보는 블로그 또는 인스타 운영을 주로 활용하고, 마케팅은 전문 업체에 맡기기도 한다. 입실 문의 상담, 청소 및 분리수거, 물품 관리 등이 업무의 대부분이다. 또한, 고시원은 주거 공간이기 때문에 경기를 타거나 비수기가 없는 아이템이다.

적은 돈으로 임대 사업을 하는 것이며, 집 임대업보다 세금도 적게 낸다. 하지만 방 개수에 따라 수익률이 정해져 있기 때문에 최대 수익에 한계가 있다. 그러니 방의 개수가 너무 적다면 운영하면서 고정 지출과 대비해 수익이 적게 느껴질 수 있다. 처음부터 약 60~70% 정도 운영될 때의 고정 지출을 따져 본 후 수익률을 계산하고 시작하자.


## 스터디카페

예전 독서실을 떠올리면 어두운 분위기의 실내에 모두 칸막이가 되어 있으면서 공부하는 학생들이 주로 찾는 곳이라는 이미지가 연상된다. 이러한 독서실이 점차 변화하면서 프리미엄 독서실로 운용되다가 이제는 무인으로 운영되는 스터디카페로 변형되어 24시간 키오스크 시스템으로 관리하기 시작했다. 독서실이 무인 카페처럼 변화되어 운영된다고 생각하면 된다.

지금 독서실 사업은 프리미엄 독서실과 스터디카페 형태 두 가지로 구분된다. 프리미엄 독서실과 스터디카페는 여러 차이점이 있다. 먼저 독서실로 등록되어 운영되는 곳은 관할 교육청에 신고를 하고, 스터디카페는 이름처럼 카페이기 때문에 카페와 똑같이 교육청에 등록하지 않아도 영업이 가능하다. 만약 독서실로 등록하면 교육청에 신고하는 사업이라 소방 조건을 갖춰야 허가를 받을 수 있다. 그리고 면세 사업 혜택을 받을 수 있다. 이용 금액도 학생들은 지자체에서 정해 준 금액대로만 받을 수 있고, 성인은 자율이다.

최근에는 독서실도 프리미엄 독서실로 인테리어하기 때문에 얼핏 봐서는 독서실인지, 스터디카페인지 구분하기 어렵다. 운영적인 부분에서만 차이가 있을 뿐이다. 독서실과 달리 스터디카페는 24시간 무인으로 운영하며 이용자들도 학생과 고시생뿐만 아닌 일반인이나 회사 업무를 보기 위한 직장인까지 다양하다.

## • 입지 분석

스터디카페 입지는 주로 생활형 상권에 적합하다. 주변에 고등학교, 대학교가 있는 곳 그리고 젊은 세대 인구가 많은 곳이 좋다. 특히 안전 및 관리를 위해 보통 고등학생 이상만 입장이 가능하기 때문에 주변의 인구 수요를 반드시 체크해야 한다. 같은 건물에 고등학생을 대상으로 하는 학원을 운영한다면 더욱 좋다. 그리고 공부를 목적으로 오는 곳이기 때문에 기본적인 수요는 공무원이나 국가 자격증을 준비하는 젊은 세대가 많은 곳이어야 한다. 평일 낮에는 취업 준비를 하는 성인들이 이용하고, 7시에서 8시 학원이 끝난 학생들이 이용하러 온다는 점을 고려하자. 낮에는 취준생이 이용하고, 저녁에는 학생들이 이용하는 곳이 가장 수익률이 좋다.

만약 젊은 세대가 부족하고 고등학생만 많은 지역이라면 낮에는 한가하고 저녁에만 운영될 것이다. 그러면 상대적으로 매출이 낮을 수밖에 없다. 또한, 시간제와 당일제 이용권과 함께 월간권, 정기 좌석권 등을 함께 운영해서 좌석을 관리하면 수익률을 높일 수 있다.


## • 창업 비용 및 수익률

스터디카페도 시설 사업이기 때문에 투자금이 적지는 않다. 물론 평수마다 차이가 있으며 최하 40평대에서 최대 100평대까지 다양하다. 그리고 자리를 빌려 주는 임대업처럼 운영되기 때문에 큰 평수일수록 초기 투자금은 높아도 수익이 커진다. 또한, 좌석이 많을수록 안정적인 수입이 나오고, 추가 수입은 시간제로 운영되는 부분에서 나온다고 보면 된다.

신도시에는 건물마다 스터디카페가 입점된 곳이 많은데, 만석을 유지하는 곳은 거의 드물다. 평상시에는 70% 정도 운영되고, 시험 기간에는 100% 운영되기도 한다. 스터디카페는 시설이 다른 곳보다 오래 되면 자연스럽게 고객들은 더 깨끗하고 시설이 좋은 새로 생긴 곳으로 이동한다. 관리가 잘 되어 공부하기 좋은 환경을 유지하는 곳은 그래도 꾸준히 고객을 유지하지만, 시설을 계속 유지 보수하며 유행에 뒤처지지 않게 지속적으로 관리해야 한다.

시설 사업인 스터디카페 창업 비용은 100% 인테리어와 집기 비용이다. 그래서 최소 40평 이상이어야 하고 시설비는 약 1억 5,000만~3억 원 정도이다. 창업 비용이 너무 높으면 회수 기간이 길어져 손해를 볼 수도 있으니 초반에 투자 금액을 적절히 조정하는 것이 중요하다. 그리고 운영 시 추가로 들어가는 비용이 별로 없기 때문에 좌석을 많이 채울수록 수익은 크게 높아진다.

다양한 좌석이 있는 스터디카페는 보통 월 이용권, 15일권, 7일권, 일일권을 판매한다. 예를 들어, 70평 규모에 약 100개 좌석이라고 가정하면, 1인실 30개×19만 원, 1인실 30개×14만 원, 다인실 40개×12만 원을 모두 더하면 총 매출이 된다. 이 매장이 만석일 때 최대 매출은 1,470만 원이다. 여기서 '임대료 300만 원 + 인건비 약 100만 원(청소 및 총무) + 공과금 및 홍보비 100~150만 원 + 카드 수수료 3%'를 빼면 순수익이 된다. 일반적으로 스터디카페의 순수익은 400~1,000만 원 정도이다.

보통 스터디카페는 키오스크를 활용한다. 그러면 총무나 알바생을 고용할 때보다 지출은 줄이고 수익은 높일 수 있다. 24시간 운영하는데 관리자인 총무 비용이 절감되면 월 100~200만 원 이상 절감할 수 있다.

스터디카페는 임대료, 관리비, 기본 운영비를 공제하고 나면 나머지가 순수익이기 때문에 관리도 수월하고 자리를 잡고 나면 매출의 큰 변동 없이 수입이 유지된다는 장점이 있다. 그래서 하루에 2~4시간 정도만 투자하면서 안정적인 수입을 얻을 수 있다. 아침 일찍 출근해서 청소 및 물품들을 채워 주고 회원들을 관리하기 위한 마케팅에만 신경쓰면 된다.

스터디카페 창업 시 주의할 점은 투자금이 적지 않은 만큼 원금 회수 부분을 반드시 고려하여 인테리어 및 시설 비용을 미리 계산하고 시작해야 한다. 프랜차이즈 스터디카페로 70평대의 공간을 꾸민다면 첫 투자금은 약 2억 원이 넘는다. 그러면 만석을 2년간 유지했을 때에야 원금을 회수할 수 있다. 만약 수입이 500만 원 정도라면 3년이 넘어야 원금을 회수할 수 있다는 계산이 나온다. 그러니 첫 인테리어 투자금을 반드시 고려하고, 노후가 되면 다시 일부 시설 투자를 해야 하는 부분까지 참고하여 선택하자.

창업을 준비하면서 지역을 결정했다면, 지역에 있는 기존 스터디카페들의 운영이 잘 되고 있는지 확인하자. 두 개 매장 이상 만석인 곳이 있다면 수요 대비 공급이 부족하다는 뜻일 수 있으니 자신만의 운영 노하우를 가지고 오픈한다면 성공적으로 창업할 수 있다. 인터넷 강의를 연계해서 무료로 제공하는 프랜차이즈 브랜드도 있으며, 100평 대의 큰 규모에 넓은 휴게 공간이 서비스로 제공되는 곳도 있다. 이길 수 있는 나만의 전략을 세우면 어디든 성공할 수 있다. 또한, 잘 되는 스터디카페를 직접 이용해 보면 어떤 부분에 더 집중해야 하는지 알 수 있다.

아무리 시설 사업이라도 차려 두면 알아서 매출이 나오는 곳은 없다는 것을 명심하자. 음식점처럼 온종일 서서 힘들게 일하지 않을 뿐 회원 관리, 마케팅, 홍보를 어떻게 진행하느냐에 따라 성공과 실패가 결정된다는 점을 명심하자.

## 애견용품점

1인 가구가 증가하면서 반려동물 시장이 가파른 성장세를 보이고 있다. 2015년 1조 8,000억 원 규모였던 반려동물 시장은 최근 6년 사이 3배 이상 커져서 머지않아 올해 전체 시장 규모가 6조 원을 넘어설 것이라는 전망도 나왔다.

반려동물을 키우는 반려 가구도 640만 가구로 전체 가구 수의 30%에 이르고, 반려인은 1,500만 명에 육박해 국민 4명 중 1명이 반려동물과 함께 생활하고 있다는 통계도 나온다. 이런 추세에 식품·외식기업들은 펫푸드 시장에 속속 뛰어들고 있다. 치킨 프랜차이즈인 굽네치킨 운영사 지앤푸드도 자회사인 지앤생활건강을 통해 2019년부터 펫푸드 사업에 진출했다. 하림그룹은 2017년 하림펫푸드를 설립하고 본격적으로 펫푸드 시장을 겨냥했다. 지난해 매출은 198억 원으로 전년 대비 103억 원이 올라 두 배가량 늘었다. 동원 F&B의 펫푸드 역시 2020년에 300억 원 매출 규모로 전년 대비 50% 이상의 성장률을 보이며 상승세를 이어간다. 이렇듯 많은 식품 제조 대기업들이 펫 시장에 뛰어 들었다는 것은 그만큼 앞으로의 성장 가능성이 높은 사업 분야로 인식한다는 것이다.

현재 우리나라는 인구의 30% 정도가 반려견을 키우지만, 외국은 약 50%에 달한다. 그렇다면 우리나라도 앞으로 지속적으로 성장할 것임을 예측할 수 있다. 최근에는 애견용품점 이외에 애견 셀프 목욕장이나 애견 수제 간식 판매점, 애견 운동장 등 다양한 애견 관련 무인 창업 아이템이 등장하고 있다. 아직까지는 창업자들이 애견용품점을 가장 선호하며 안정적인 사업으로 이끌어가고 있지만, 애견용품점에 다른 애견 관련 사업을 접목시킨 색다른 아이템을 찾아 선점한다면 성공의 가능성이 더욱 높아질 것이다.

### • 입지 분석

애견 용품은 그동안 대형 마트 또는 온라인 쇼핑몰 그리고 동물병원에서 판매하는 정도였다. 그런데 최근에는 대형 전문 애견용품점이 등장하며 동네 곳곳에 매장이 생기기 시작했다. 그리고 무인 매장도 등장하며 점점 매장 수가 늘고 있다.

무엇보다 애견용품점은 애완동물을 많이 키우는 동네에 판매점을 오픈하는 것이 중요하다. 애견 인구가 타 지역에 비해 적다면, 아무리 유동 인구가 많아도 판매와는 연결이 되지 않는다. 이처럼 특수 목적의 판매용품은 타깃 고객의 생활 반경을 조사하고 입점하는 게 무엇보다 중요하다.

애견용품점은 일단 유동 인구 분석보다는 해당 지역의 애견 산책 코스가 어디인지 확인하는 게 좋다. 먼저 주변 공원 위치를 파악하고 그곳에 산책하는 사람 중 애견을 동반한 인구가 얼마나 되는지 파악하자. 산책하는 애견들이 유난히 눈에 띄게 많이 보이면 타 지역에 비해 애견 인구가 많은 것이다. 시간은 오전과 오후 둘 다 확인해야 한다.

그리고 포털 사이트에서 동물병원을 검색해 보자. 동물병원이 많이 모여 있는 지역은 애견 인구가 많다고 보아도 무방하다. 동물병원 근처 또는 같은 건물에 입점한다면 애견인들에게 자연스럽게 노출될 수 있다. 또 애견용품은 온라인 구매가 더욱 활발하기 때문에 지역 카페를 통해 광고를 적극적으로 진행한다면 운영하는 데 많은 도움이 될 것이다.

편의점만큼 애견용품점 또한 입지가 가장 중요하다는 점을 잊지 말자. 꼭 대로변이 아니어도 고객의 주 동선을 잘 파악해서 임대료가 높지 않은 곳으로 선정하자.

• 창업 비용 및 수익률

애견 용품은 누구나 구매해야 하는 상품이 아니다. 그래서 홍보가 잘 되어도 판매가 안 되는 곳이 있고, 홍보가 잘 되지 않아도 판매가 잘 되는 지역이 있으니 다른 아이템보다는 입지에 따라 수익의 편차가 많이 생긴다.

창업 비용은 프랜차이즈 브랜드의 10평 매장을 기준으로 하면 보증금, 권리금을 빼고 평균 4,500~6,000만 원 정도이다. 기본적으로 가맹비, 교육비 등으로 약 500~1,000만 원, 인테리어는 10평 기준에 약 1,500~2,000만 원, 무인 시스템 약 500~1,000만 원, 초도 물품비 약 1,500~4,000만 원, 간판과 냉난방 등 추가 비용은 1,000만 원 정도이다. 대형 아울렛 형태는 최소 40~100평까지 운영되고 있지만, 여기서는 10평 전후의 무인 매장을 기준으로 알아보자.

프랜차이즈는 개인이 창업하는 비용보다 30~40% 정도 더 비싸다고 생각하면 된다. 개인이 하면 물품 관리 부분에 어려움이 있고, 지역에 따라 제품 구성을 맞추는 것도 어려움을 느낀다. 반면 프랜차이즈로 오픈하면 제품 관리와 상권에 맞는 제품 구성 등 물류 부분에 도움을 받을 수 있다.

애견용품점은 타 업종에 비해 원가율이 아주 높은 편으로 약 60~70%에 달한다. 일 매출 30만 원 정도 나온다고 가정하면, 월 1,000만 원이고 여기에서 원가율 700만 원을 제하고, 또 임대료, 전기세, 고정 지출을 빼고 나면 자신의 순수익이 나온다.

일반 편의점과 비교를 해 보자면 편의점은 창업 비용이 1,500~3,000만 원 정도이고 모든 물류 비용을 본사가 셋팅하고 관리한다. 또 원가율이 높아도 남녀노소 누구나 경기를 타지 않고 구매하는 생필품을 위주로 판다. 하지만 애견용품점은 원가가 높아서 많이 판매해야 월 200만 원 정도 순수익을 가져갈 수 있다. 그러니 애견을 키우는 유효 고객 수 분석과 입지가 무엇보다 중요하다. 만약 창업 비용이 같다면 원가율이 높지 않은 아이템을 선택해야 유리하다. 특히, 월 매출이 높지 않은 아이템일수록 판매량에 따라 수입이 결정된다. 그러니 원금 회수 기간을 반드시 따져 보고 창업 비용을 높지 않게 조정하자.

애견 인구가 늘어날수록 시장이 커지는 것은 당연하다. 그러나 그만큼 자영업자들은 온라인 시장과 대형 매장 등과 경쟁해야 한다. 그렇다면 애견용품점이 어떤 경쟁력이 있을지 꾸준히 연구해야 시장 경쟁에서 살아남을 수 있다. 특히, 판매점은 동일한 상품을 누가 더 좋은 가격으로 제공하느냐에 대한 경쟁이다. 그러니 무인 매장으로 살아남으려면 가격 경쟁이 주가 될 것이다.

지점에서 판매하는 제품이 인터넷보다 싸다면 고객들은 수고를 마다하고 구매하겠지만, 가격이 온라인보다 비싸다면 굳이 구매할 이유가 없다. 자신이 직접 고객 입장에서 생각해 보자. 온라인에서 판매하지 않는 고급 수제 간식류나 온라인에서 해줄 수 없는 애견 미용, 애견 유치원 등 관리에 대한 서비스는 오프라인 수요가 많을 수밖에 없다. 하지만 어디에서나 판매하는 제품은 최저가에 팔 수 없다면 경쟁에서 이길 수 없는 싸움이다.

무인 애견 사업은 나날이 성장하고 있다. 애견용품점뿐만이 아니라 셀프 애견 목욕장, 수제 간식점, 애견 스튜디오 등 다양한 아이템이 시장에 등장하고 있다. 하나의 아이템에 집중하는 것도 좋지만 접목할 수 있는 관련 분야의 다양한 아이템을 함께 가져간다면 매장의 경쟁력을 더욱 높여줄 것이다.

무인 창업에서 반드시 기억해야 하는 것은 좋은 제품을 경쟁력 있는 가격으로 판매해야 한다는 점이다. 요즘 소비자들은 온라인과 오프라인을 비교하면서 구매한다. 대형 매장에서도 제품을 확인하고 인터넷으로 검색해서 더 저렴한 곳에서 구매하기 때문이다. 스스로 소비자가 되어 반드시 이 매장을 이용해야 하는 이유를 최소한 5가지 이상 들 수 있어야만 고객을 불러 모을 수 있다.

무인 창업은 말 그대로 무인 창업이 되어야 한다. 그러니 노동력과 시간을 많이 투자해야 하는 아이템이라면 고려해 보자. 사람들이 건물주가 되고 싶은 것은 크게 관리하지 않아도 안정적인 수입이 들어오기 때문이다. 그런데 무인 창업이라고 하면서 원재료 값이 너무 높거나 재고 관리 등으로 관리 시간이 많이 소요된다면 나중에 많은 매장을 관리할 수 없다. 그러니 운영자가 해야 할 일이 적은 편인 공간 임대업이나 셀프 빨래방처럼 시설을 갖추고 운영하는 아이템일

수록 안전하게 수익을 낼 수 있다.

최근 우후죽순 생겨나는 창업 아이템들 중 손님을 직접 응대하지만 않으면 마치 무인 창업인 것처럼 홍보하는 업체들이 많다. 그러나 앞서 설명한 무인 창업의 장점 등을 잘 살펴보고, 아이템을 현명하게 선택해야 한다.

돈을 버는 능력, 돈을 모으는 능력,

돈을 불리는 능력, 돈을 잘 쓰는 능력,

돈을 유지하는 능력을 갖추어야

진정한 부자가 될 수 있다.

Chapter 7

# 장사꾼이 아닌
# 사업가로
# 성장하기

## 🔍 장사꾼이 될 것인가, 사업가가 될 것인가

장사꾼은 물건의 마진을 남기는 일을 하고 사업가는 사람을 경영하는 일을 한다. 장사꾼이 되면 돈을 벌 수는 있어도 큰돈을 벌기는 힘들다. 부자들은 대부분 시간과 돈 그리고 사람을 잘 알고 다룬다. 단순히 돈이 있는 사람들을 부자라고 보지 않는다. 진정한 부자는 스스로 돈 버는 기술을 가지고 있다. 김승호 회장은 부자에게는 돈의 5가지 속성이 있다고 한다.

첫째 돈을 버는 능력, 둘째 돈을 모으는 능력, 셋째 돈을 불리는 능력, 넷째 돈을 잘 쓰는 능력, 다섯째 돈을 잘 유지하는 능력이다.

많은 사람이 돈을 잘 벌면 부자가 될 거라고 생각한다. 하지만 예전에 유명했던 연예인 중에 젊어서 큰돈을 벌었지만 10년, 20년 후에 망해서 힘들게 살고 있다는 기사는 심심치 않게 등장한다. 또 어느날 복권에 당첨되고 나서 큰 부자가 되었지만 그 돈을 유지하며 사는 사람들은 많지 않다. 돈을 잘 모르는 상태에서 큰돈이 갑자기 생기면 그 돈을 어떻게 운용해야 하는지 잘 모르기 때문에 쉽게 잃는다. 복권에 당첨되면 뭘 하고 싶은지 사람들에게 물어보면 집 사고, 차 사고, 여행 다니고, 놀고먹고 싶다고 말하는 사람이 대부분이다. 과연 부자가 되어 놀고먹으면 행복할까? 사람들은 재산이 얼마나 있어야만 부자라고 할 수 있는지 명확한 기준도 없는 채 그저 부자가 되면 좋겠다고 이야기한다.

그런데 사람들은 부자는 되고 싶지만 현실적으로 부자가 될 가능성이 없다고 생각하기 때문에 돈을 어떻게 벌어야겠다는 구체적인 계획을 세우지 않는다. 그래서 평생을 가난하는 사는 사람은 자신이 부자가 되겠다는 생각을 안 했기 때문에 부자가 되지 못한다. 만약 스스로 진짜 부자가 될 거라고 믿는 사람이라면, 부자가 되기 위해 어떻게 해야 할지 많은 고민과 연구를 한다. 그리고 부자가 될 수 있는 방법을 찾기 위해 책을 읽거나 성공한 사람들을 직접 만나보기 위해 찾아다닐 것이다.

실제로 켈리 최라는 성공한 CEO는 영국의 500등 안에 드는 부자가 되었다. 그녀는 유튜브를 통해 많은 사람에게 자신이 부자가 되기까지의 스토리를 들려주면서 당신도 할 수 있다고 말하고 할 수 있는 방법을 널리 알리고 있다. 그녀가 부자가 된 이유는 실제로 성공한 사람들의 책을 통해 그들의 성공 노하우를 모두 따라했더니 5년 만에 부자가 되었다고 한다. 그녀는 장사에 실패하고 빚만 10억 원이 있던 상태에서 현실에 그대로 안주하기를 거부하고 부자가 되어야겠다고 결심했다. 그리고 머지 않아 그녀는 경제적 자유를 얻을 수 있었다. 그녀가 부자가 된 가장 결정적인 이유는 바로 스스로 부자가 되어야겠다고 생각했기 때문이다. 그렇게 방법을 찾고 실천을 했으며 이루었다.

그렇다면 당신은 이제 어떤 목표를 세울 것인가? 만약 지금 세운 목표대로 반드시 이루어진다면 당신은 장사꾼이 되고 싶은가, 사업가가 되고 싶은가?

자신이 세운 목표가 크면 클수록 준비하면서 더 많은 생각을 깊이 하게 된다. 그리고 장사해서 월 1,000만 원 버는 게 어렵다고 생각하면 어려울 것이고, 쉽다고 생각하면 해볼만 하게 느껴질 것이다. 한 달에 순수익 1,000만 원은 사업가들에게는 아주 작은 불씨일 뿐이다. 이제 목표를 월 3,000만 원, 월 5,000만 원, 월 1억 원을 목표로 키워나가 보자. 이제 시작할 당신의 첫 창업은 성공을 위한 작은 기회를 만드는 일일뿐이다. 이렇게 생각만 바꾸어도 창업에 대한 두려움이 많이 사라진다. 오로지 생각만 바뀌었을 뿐인데 벌써 이루어진 것 같은 느낌이 들지도 모른다.

세계 최고의 부자가 된 빌 게이츠도, 전 세계에서 전기차를 가장 먼저 시작한 테슬라의 일론 머스크도 모두 생각을 했으니 결과가 나왔다. 장사꾼에서 사업가로 생각만 바꾸어도 하나의 매장만 운영하는 사장의 생각에서 벗어나 어떻게 하면 내부의 시스템을 잘 만들어 오토 센터로 운영할 수 있을지, 어떻게 고객을 모을 수 있고 재방문하는 고객을 늘릴 수 있을지 마케팅도 그에 맞게 고민한다. 그리고 직원 관리와 복지까지 신경 쓰며, 직원들을 뽑을 때도 우리 회사에 입사하면 어떤 비전을 줄 수 있는지 자신의 목표와 꿈을 함께해 줄 직원들을 뽑게 된다. 그러면 좋은 인재와 함께 원하는 사업이 가능해진다. 그렇게 되면 당신은 진정한 사업가가 될 것이다.

## 🔎 무인 연쇄 창업으로 시스템 구축하기

장사꾼이 아닌 사업가가 되기로 하고 목표를 세웠다면, 이제는 어떻게 이룰지에 집중하자. 먼저 최소 매장 3개를 운영하겠다는 목표를 세워라. 매장 한 개 오픈하기도 힘든데 언제 돈을 모아 매장을 3개나 오픈하나 하는 생각이 제일 먼저 들 수 있다. 그러면 지금부터 무인 연쇄 창업 시스템에 대해 알아보자.

매장 한 개에 생계를 걸고 온종일 매달려 어떻게 하면 직원의 인건비를 줄이고, 어떻게 하면 비용을 줄일 수 있을지만 고민한다면 장사꾼 밖에 안 된다. 사업을 하려면 먼저 한 개의 매장을 성공적으로 운영해야 한다. 그래야 나머지 2개를 더 오픈했을 때도 동일한 결과를 낼 수 있다. 그러면 그 노하우와 실력으로 아이템을 만들어 프랜차이즈 사업을 할 수 있다.

일단 첫 매장을 오픈할 때 그동안 배웠던 아이템에 맞는 입지를 최대한 발품을 팔아서 직접 고른다. 그리고 인테리어는 직접 많은 자료를 찾아보고 콘셉트를 정해도 되지만 되도록 전문가와 상의하는 것이 시간을 줄일 수 있는 방법이다. 이때 인테리어 업체는 최소한 3곳 이상 견적을 요청해서 미팅했을 때의 태도, 시간 약속을 잘 지키는 곳, 업무를 빨리 처리해 주는 곳을 선택한다. 너무 싸거나 비싼 곳은 제외한다.

상가 권리 계약 및 임대차 계약도 직접 나서서 해야 한다. 그리고 권리금 협의 시 기존 간판이나 시설물을 어떻게 협상하느냐에 따라 지불하는 비용이 더 커지거나 아니면 줄어들 수도 있다. 특히 철거를 해야 한다면 그런 부분이 모두 추가 비용이 될 수 있으니 꼼꼼히 챙긴다. 반대로 시설을 사용할 수 있는 부분이 많으면 그만큼 인테리어 비용에서 줄일 수 있다. 이런 부분을 상가를 알아볼 때 미리 체크한다. 만약 조건이 좋다면 권리금이 있다고 해서 무조건 비싼 게 아닐 수 있다. 그리고 오픈할 때는 자신과 비슷한 아이템을 가지고 있는 다른 매장들이 어떻게 오픈 이벤트를 했는지, 자신은 어떻게 할 것인지 고민해보고 성공적인 사례가 있다면 그것을 자신의 아이템에 맞게 적용해 본다.

초기에 특히 동네 상권에서는 '오픈발'을 적극적으로 활용하자. 그러나 오픈 때 사람이 몰리는 것이 마냥 좋은 것만은 아니다. 준비가 잘 안 된 시기에 사람들이 몰리면 오히려 불만을 갖거나 아니면 한 번 오고는 다시 오지 않는 손님을 많이 만들 수 있다. 또는 아직 자리 잡지 못한 운영의 미숙함으로 오히려 안 좋은 입소문이 빨리 퍼져서 결국 매출이 떨어지기도 한다. 가장 안전한 방법은 자신의 가게를 오픈하기 전에 3~6개월 정도 비슷한 다른 가게에서 일해 보며 경험을 쌓는 것이다. 자신의 매장에서 테스트하는 것만큼 무모한 실험은 없다. 자신이 하고 싶은 아이템이 있는데 경험이 전혀 없다면, 비슷한 가게에서 최소 한 달은 일해 보며 운영 방법 그리고 실제 매출을 올릴 수 있는 방법을 정확히 알아보자.

무엇보다 다른 가게에서 일하며 다양한 홍보 방법을 매월 새롭게 진행해 보자. 현장에서 직접 운영해 보며 입지 선정은 잘 했는지, 아이템이 지역에 맞는지, 마케팅이 잘 되는지 등을 조사하며 해야 할 일의 목록을 적어서 한 개씩 진행해 본다. 자신이 나중에 만들 직영점 테스트 매장이라고 생각하고 운영해 나간다.

6개월 정도가 되면 평균 월 매출을 알 수 있고, 운영 노하우 그리고 시간대별 업무 진행 매뉴얼을 만들 수 있을 것이다. 5,000만 원대 소액 투자 아이템으로, 월 소득 1,000만 원을 목표로 잡으면 월 매출이 4,500~6,000만 원 정도 되어야 한다. 이렇게 주체적으로 계획을 세우면 6개월이면 투자 원금을 회수할 수 있다. 목표를 월 1,000만 원으로 잡아야 최소 700~800만 원을 달성할 수 있음을 명심하자.

처음부터 500만 원을 목표로 하면 보통은 목표치의 70~80% 정도 달성한다. 그러니 처음부터 매출 목표를 높게 두면 실제로 70~80%의 성과가 나와도 안전하게 목표를 달성할 수 있으며, 그러면 최소 10개월 안에는 원금을 회수할 수 있다. 그러니 첫 번째 매장은 최대한 적은 투자금으로 오픈해야 한다. 그런 후 원금이 회수되면 다시 2호점을 준비한다.

이제 1호점을 오픈하면서 해 봤던 업무를 그대로 2호점에 적용할 수 있기 때문에 더 쉽게 매장을 운영할 수 있다. 그래서 첫 번째 매장을 오픈할 때 모든 업무를 처음부터 직접 진행해 보는 게 좋다. 이제 2호점은 처음 1호점을 오픈할 때 투자했던 금액을 다시 회수해서 그 돈으로 오픈하는 것이기 때문에 다른 투자금은 필요하지 않다.

유인 창업은 믿을 만한 직원을 찾은 후에 업무를 맡겨야 하기 때문에 돈이 있어도 매장을 늘리기가 어렵다. 하지만 무인 창업은 사람에 의존해서 창업할 필요가 없기 때문에 원하는 시기에 바로바로 창업할 수 있어 매장을 더 빨리 늘릴 수 있다는 장점이 있다.

그리고 매장이 10개가 넘어가면 많은 시간을 매장 관리에 쓰는 것보다는 파트타임 직원을 뽑아 청소나 물품 관리 정도만 시키면 자신의 시간이 훨씬 더 많아진다. 그렇게 남은 시간은 사업을 위해 재투자한다면 사업은 점점 더 안정적으로 자리를 잡아간다. 그때부터는 단순 노동에서 벗어나 진정한 사장이 되어 자기계발과 가치 있는 모임을 찾아다니며 사업을 확장하는 데 힘써야 한다.

사업이 확장되는 적절한 시기에는 회사의 모습을 갖추어도 전 지점을 운영 관리하는 직원만 있으면 되기 때문에 매출 대비 고정비는 낮고 회사의 순수익도 높아져 오히려 대기업 프랜차이즈처럼 직영으로만 운영하는 것도 가능하다.

1층에서 밖을 내려다볼 때와 10층에서 밖을 내려다볼 때의 시야는 다르다. 또 100층에서 보는 시야는 많이 다를 것이다. 돈을 대하는 자세도 마찬가지다. 한 달에 1,000만 원을 벌 때와 1억 원을 벌 때가 다르고, 100억 원을 벌 때는 그 위치에 맞는 눈높이를 갖춰야 안정적인 사업을 할 수 있다.

## 🔍 현금과 자산을 모두 챙기는 포트폴리오 완성하기

요즘은 2030세대도 재테크에 관심이 많다. 거기에 최근 몇 년 간 집값이 가파르게 오르면서 부린이, 주린이 등의 신조어를 만들어내며 젊은 세대들이 재테크에 열광하고 있다. 금융 문맹국이었던 우리나라에서 모두가 돈에 대한 관심이 높아졌으며, 2021년부터는 10대와 80대 노인들까지 주식 이야기를 일상 대화로 할 정도가 되었다. 부동산 중에서도 집에 투자하던 사람들은 정부의 강력한 대출 규제, 세금 규제로 인해 실수요자들까지 집을 못 사게 되자 주식으로 관심을 돌렸다. 그런 이유로 주식 시장은 연일 사상 최대의 잔고를 보여주고 있다. 이렇게 모든 관심이 주식과 부동산에 쏠려 있지만 투자에 대한 공부는 쉽지 않고, 집값이 너무 많이 오른 탓에 서민들은 집을 구매할 여력까지 떨어지면서 많은 사람이 상실감을 경험하고 있다.

하지만 꼭 부동산과 주식으로만 돈을 벌 수 있는 것은 아니다. 부자들을 잘 보면 모두 사업을 하고, 주식을 보유하고 있으며 부동산, 금, 채권 등 돈이 될 만한 것들을 모두 가지고 있다. 사업을 통해서 벌어들인 돈으로 다시 사업을 위한 사옥을 매입하고, 공장을 짓고,

그러면서 자본이 늘어나는 것이다.

우리나라 50위 안에 든 부자는 모두 기업의 총수이다. 그들은 현금이나 부동산을 많이 가지고 있는 것이 아니고 그들이 운영하는 회사의 주식을 가장 많이 가지고 있는 주식 부자들이다. 바로 법인을 설립해서 주주가 된 사람들이다. 그렇다면 진짜 부자가 되고 싶다면 주식 투자를 하는 투자자가 되기보다는 주주가 되어야 한다.

부동산 부자들은 말 그대로 부동자산을 소유하고 있어서 현금 흐름이 좋지 않다. 상가나 빌딩 같은 수익형 부동산을 소유해야 현금 흐름이 만들어진다. 그러나 지금처럼 상가의 공실이 많아지면 이자 부담에 건물이 있어도 힘들게 버티는 경우가 생긴다. 이처럼 진정한 부자가 되려면 반드시 현금 흐름과 자산을 동시에 만들어야 한다.

지금까지 무인 시스템에 대한 과정을 상세히 알아 봤다면, 이제는 그 시스템을 이용해 자신의 브랜드를 만들어서 가맹 사업을 만들지도 고민해 보자. 아니면 이 같은 방법으로 다른 아이템도 직영점을 여러 개 세팅한다면 건물주처럼 사업을 통해서 연금 소득을 만들수 있을 것이다. 이미 원금을 회수한 매장들은 버는 돈이 그대로 순수익이 된다. 직접 노동을 하지 않아도, 적은 종자돈으로 연금을 받는 시스템을 만드는 것이 바로 진짜 부자들이 돈을 불리는 능력이다. 이렇게 하면 당신은 종자돈 5,000만 원으로 10개의 직영점을 운영하는 대표가 될 수도 있고, 10개의 매장에서 매달 100만 원씩만 벌어도 월 1,000만 원의 소득을 만들어 낼 수도 있다. 이런 방법으로 더 많은 매장을 운영한다면 수익은 더 커진다. 백종원 대표처럼 한 골목이 당신의 매장으로 채워질 것을 상상해 보자. 이 모든 것은 입지 선정 노하우, 마케팅 그리고 직원 관리의 능력에서 시작된다.

## 🔍 사업가가 되려면 사람을 경영하라

무인 사업도 매장이 늘어날수록 관리할 직원이 필요한 순간이 온다. 물론 유인 사업보다는 적은 인원이지만 장사가 아닌 사업을 하려면 사장 혼자만의 힘으로는 불가능하다. 사업을 키우는 핵심 능력은 바로 조직 관리이다. 매장 한 개를 운영하는 사장이나 큰 회사를 운영하는 대표나 가장 큰 고민이 바로 조직 관리이다. 모든 일을 혼자 처리할 수 없기 때문에 다른 사람의 도움을 받아야 하고, 그런 과정에서 마찰이 일어날 수밖에 없다. 그래서 많은 자영업 사장님의 고민이 바로 직원 관리의 어려움이다. 직원들이 오래 근무하지 못하는 것, 알바생들이 말없이 나오지 않는 것, 직원들이 주인처럼 일을 하지 못한다는 것 등 문제가 아주 많다. 하지만 이 모든 것이 정말 직원 탓일까?

직원 관리에 어려움이 있다면 문제는 사장의 운영에 있다. 어떤 사장은 인건비를 아끼겠다고 바쁜 매장에 아주 짧은 시간만 알바생을 잠깐씩 부른다. 알바생 입장에서는 어차피 시급을 똑같이 받으니 바쁜 곳보다는 한가한 곳에서 일하고 싶을 것이다. 그러니 알바생들이 자주 그만둘 수밖에 없다. 그리고 직원에게 매일 정해진 시간에 출근하여 종일 일하게 하고, 정직원이라고 청소에 잡다한 업무까지 주면서 책임까지 지우니 정규직에 지원하려는 사람이 없다. 거기에 근무 시간으로 따져 보면 최저 시급을 받으면서 일을 하는 게 되니 자신의 업무가 알바생들이 하는 업무보다 많고 급여는 같다면 당연히 파트타임으로 일하고 싶을 것이다. 그래야 원하는 시간에 일할 수 있고 잡다한 업무 스트레스를 받을 필요가 없으니 말이다.

그렇다면 돈을 더 주면 되지 않을까도 생각해보지만, 현재 최저 시급을 주는 직원들의 평균 임금은 이미 세금을 포함해 한 명 당 약 250만 원 전후이다. 그런데 여기에 직원 급여를 최저 300만 원으로 올려 준다면, 작은 매장에서 장사해서 남는 게 없다. 이 부분은 구조적으로 바꾸기 어려운 부분이다. 급여를 많이 주려면 매출이 높아야 하고, 매출이 높으면 직원이 많이 필요한 상황이다. 그렇다면 어떻게 운영해야 주인처럼 일하는 직원들을 만들 수 있을까?

바로 사장에게 배울 게 있어야 한다. 직원들은 돈도 중요하지만 비전이 없는 곳에서는 일을 오래 할 수가 없다. 사장은 직원에게 관련 분야에서 일하며 얻은 노하우를 전해줄 비전을 제시해야 하며, 동시에 적당한 직함을 주어서 열심히 일한 것에 대한 보수를 다른 또래보다 많이 받게 해 줘야 한다. 그러면 열심히 일해서 많은 돈을 벌고 자신을 인정해 주는 곳에서 일하고 싶은 직원이 올 것이다. 사장은 직원에게 사업과 장사에 대한 기술을 가르치고 직접 창업을 하지 않아도 만족할 만한 성과급을 지급한다면 직원의 만족도는 높아질 것이다. 그러나 정기적으로 받을 수 있는 높은 기본급은 직원에게는 독약과 같다. 그래서 급여를 많이 주어도 노력하지 않는 직원들이 생긴다.

기본급은 기준에 맞게 주되, 매출에 대한 성과금을 지급한다면 직원은 인정받는다는 만족감과 성취감을 느낄 수 있다. 20~30대 직원의 급여가 월 소득 400~500만 원이 된다면 쉽게 그만둘 직원이 많지는 않을 것이다. 그리고 스스로 열심히만 일하면 더 벌 수 있는 환경을 만들어 준다면, 그리고 인생 멘토로부터 더 큰 부자가 될 수 있는 방법을 배울 수 있다면, 직원들은 사장처럼 일하게 된다.

자신이 받고 싶은 급여를 직원에게 줄 수 있는 시스템을 만들어라. 수많은 인재가 너도 나도 대기업으로 몰려가 평생을 받쳐 열심히 일하는 이유는 자부심과 함께 다른 곳보다 더 받을 수 있는 연봉,

결국 돈이다. 똑똑하고 능력 있는 사람들일수록 성취욕이 강해서 능력에 대한 보수를 받는 것을 선호한다. 능력 있는 사람들에게 원하는 것을 줄 수 있는 근무 환경을 제공하도록 하자. 항상 주인이 아닌 상대방 입장에서 생각하면 정답을 찾을 수 있다. 직원에게 줄 수 있는 게 없는데 좋은 직원을 바라는 것은 희망사항일 뿐이다.

함께 일하는 사람들과 나누기 위해 노력하고, 직접 일하려 하기보다는 좋은 인재들이 일할 수 있는 환경을 제공하는 리더가 된다면 당신은 성공한 사업가가 될 것이다. 그것은 성공하고 난 후에 하는 것이 아니라 작은 매장 하나를 운영할 때부터 시작된다.

사업가가 되려면 사람을 경영하라. 그리고 그에 맞게 자신의 그릇부터 키우자.


## 🔍 무인 창업으로 건물의 가치를 올리자

요즘은 건물을 가진 사람들이 무인 창업에 관해 상담을 의뢰하는 경우가 많다. 자영업자들이 어려워지면서 임대가 목적인 상가들도 공실로 오랜 기간 비어 있기 일쑤이기 때문이다. 만약 지금 건물을 가지고 있다면 자기 건물의 가치를 올릴 수 있는 방법을 고민해야 한다. 다음 사례를 보며 그 방법을 알아보자.

50대 대기업 회사의 이사직을 맡다가 퇴직한 A씨는 신도시 신축 상가를 8억 원에 분양받았다. 분양할 당시에 주변은 활발히 개발되고 있는 도시였기 때문에 인근에 입주가 많을 거로 예측했다. 그래서 분양 받은 상가는 임대료를 350만 원까지 받을 수 있다고 여겼다. 결심히 선 그는 현금 4억 원과 대출 4억 5,000만 원을 받아서 상가를 분양받았다. 얼마 후 주변에 신축 아파트의 입주가 시작되었고, 부동산에서는 렌트 프리 3개월에 임대료를 낮춰 주면 들어오겠다는 사람이 있다는 전화가 오기 시작했다. 그러나 A씨는 대출 이자가 한 달에 150만 원씩 나가고 있었다. 게다가 임대료를 낮추면 나중에 임대료 인상도 쉽지 않을 것 같아서 원하는 금액에 임대가 나갈 거라는 막연한 생각으로 조건에 맞는 임차인을 기다리기로 했다. 그런데 6개월이 지나자 부동산에서는 전화 문의조차 오지 않았다. 이자와 관리비는 매달 월급에서 부담하고 있는 상황이었다. 할 수 없이 A씨는 부동산에 전화해서 렌트 프리와 임대료를 낮추겠다고 했지만, 여전히 임차인은 구해지지 않았다. 기존에 입점했던 상가들도 장사가 되지 않아 1년도 버티지 못하고 문을 닫기 시작했다. 도저히 손 놓고 기다릴 수만은 없어서 대출을 더 받아서 브런치 카페를 오픈하기로 했다. 마침 아내도 집에서 쉬고 있어서 카페를 운영하다가 임차인에게 권리금을 받고 넘길 생각이었다. 7,000만 원의 대출을 받아서 오픈한 브런치 카페는 어떻게 되었을까?

처음에는 아르바이트를 고용해서 운영하려고 했는데 막상 오픈을 해 보니 일일 매출이 10만 원 밖에 나오지 않았다. 어쩔 수 없이 아내가 혼자 종일 일하고, A씨는 퇴근 후 매장에 가서 일을 도와주었다. A씨는 이렇게 온종일 일하면서 하루 10만 원 벌어서 임대료조차 충당하지 못하는 현실이 너무 힘들었다. 결국 노후 준비로 마련했던 상가 투자라는 선택에 실패하여 노후 준비는커녕 빚더미에 앉게 되었다. 그리고 빚을 감당하기 위해 아내만 온종일 일하게 되었다. 매매를 하고 싶어도 주변에 공실이 많이 생겨서 매매가보다 2억이나 낮은 금액으로 팔아야 했다.

두 부부는 이렇게 힘들게 장사하는 삶에서 벗어나고 싶어서 무인 창업을 알아보기 시작했다. 해당 지역은 신도시라서 젊은 세대들이 많고 아이들이 많았다. 그래서 투자금이 적은 무인 아이스크림 할인점을 선택했다. 기존에 카페로 운영했기 때문에 기본적으로 시설은 깔끔해서 인테리어는 거의 하지 않고 냉동고와 키오스크 진열대만 갖추고 간판을 변경해서 운영하였다. 그러자 카페를 운영할 때 온종일 일하고 벌던 매출보다 두 배나 많이 나오기 시작하였다. 일도 하루에 1시간 정도만 하면 되기 때문에 아내는 다시 자유로운 일상생활이 가능해졌다. 또한, 임대료를 내지 않으니 이자를 내고도 한 달에 생활비로 150~200만 원 정도를 수입으로 가져갈 수 있었다. 이처럼 우여곡절이 많았고 고난도 있었지만, A씨는 이제 원하던 노후 준비도 하고, 시간적 자유를 다시 얻었다는 것이 가장 행복했다.

상가 주인은 높은 매출이 아니어도 임대료로 나가는 돈이 없기 때문에 순수익이 높다. 물론 원하는 가격에 임대를 놓는 것이 가장 좋겠지만, 그렇게 하기 힘든 상황이라면 최근 공실이 많아지고 있는 건물 또는 상가 주인에게 무인 창업은 새로운 창구가 될 수 있다.

1년째 공실이었던 애물단지 상가를 연금으로 전환한 사례도 있다. 50대 부동산을 운영하는 B씨는 부모님의 노후 생활비를 마련해 드리려고 신도시 상가를 구입했다. 그런데 생각보다 상가가 많이 지어지면서 임차인을 구하기 힘든 상황이었다. 우선 기다려 보려고 했지만 코로나로 자영업 창업 문의는 뚝 끊기고 대출 이자만 내고 있는 실정이었다. B씨는 나중에도 매매가 쉽지 않을 것으로 판단하고 임차인에게 싸게 임대를 맞추는 것보다는 자신이 직접 운영할 수 있는 창업 아이템을 찾았다. 그러다가 부동산을 하면서 두 개의 매장을 관리할 수 있는 무인 셀프 빨래방을 오픈하게 되었다. 가지고 있던 상가는 12평 정도 되는 매장으로 도로의 제일 끝에 있었다. 주변에는 오피스텔이 2,000세대나 있어서 셀프 빨래방이 필요한 곳이었다. 혼자 사는 사람들이 많은 이곳은 셀프 빨래방을 이용하려는 사람들이 주말에 줄을 설 정도로 많았다. 셀프 빨래방은 재료비도 거의 들지 않고 관리비, 수도 요금 등 기본 비용만 약 50만 원 정도 들어가고 나면 나머지가 순수익이라 한 달에 300만 원 정도의 수익을 볼 수 있었다. 공실이 많은 신도시에 위치도 좋지 않은 상가에서 일주일에 3일정도 1시간씩 일하고 한 달에 300만 원을 벌 수 있는 아이템은 무인 셀프 빨래방이 아니었다면 불가능한 매출이다.

만약 B씨가 임대를 주었다면 150만 원도 못 받았을 상가였지만 무인 창업 아이템으로 생각을 바꾸었기 때문에 수익이 나는 상가로 바뀌었다. 거기에 수익률이 높은 상가로 평가되어 매매가가 1억 5천만 원까지 상승하였다. 이처럼 건물주에게 무인 창업은 건물의 가치를 올릴 수 있는 동시에, 임차인과 임대료 분쟁에 머리 아플 일도 없는 새로운 기회가 된다. 이제 무인 창업으로 건물의 수익률을 스스로 만드는 새로운 투자 방법에 도전해 보자.

# 에필로그

　10년이라는 세월 동안 전국의 수백여 개의 매장을 컨설팅하면서 장사가 안 되는 매장의 사장님들을 만나보았다. 그들은 모두 공통적인 문제를 가지고 있었다. 바로 왜 장사가 안 되는지, 그 이유조차 명확히 모르는 분들이 90% 이상이었다. 반면에 동네에서 어느 정도 운영이 잘 되고 있는 가게의 사장님들 또한 장사가 되는 정확한 이유도 모르고는 그저 상권이 좋다, 운이 좋았다, 맛이 좋다 정도로 여겼다. 그러나 전국의 대박 가게 사장들에게는 누가 가르쳐 준 것도 아닌데 아이템과 상관없이 모두 똑같은 성공 노하우가 있었다. 그것은 바로 고객이 원하는 것을 끊임없이 연구하고 고객에게 투자한다는 사실이다. 그리고 그들은 대부분 동네에서 1등 하는 매장을 운영하고 있었고 이는 전국에서 약 1% 밖에 되지 않는다.

　우리나라는 자영업 비율이 60%에 달할 정도로 높다. 하지만 사업을 시작해서 3년 이상 유지하는 가게는 많지 않다. 그리고 창업이 처음인 초보 사장들은 프랜차이즈 회사에 수백만 원의 교육비를 내고도, 오픈 후 1년 안에 많은 손해를 안고 가게를 포기하는 경우도 반이 넘는다. 서점에는 창업 노하우를 다루는 책도 많고, 전문 컨설턴트도 많은데 이렇게 많은 자영업자가 망하는 이유는 무엇일까?

대부분은 창업을 준비하면서 책 한 권도 제대로 읽지 않거나 전문가에게 컨설팅을 의뢰하기에는 비싼 비용이 아까워 아무런 준비를 하지 못하기 때문이다. 하지만 아무 준비 없이 뛰어든 자영업의 삶은 정말 냉혹하기 그지없다. 그때 가서 후회해 봐야 되돌릴 수도 없다. 더 이상 이런 식의 묻지마 창업은 최대한 피하고, 열심히 공부하고 정보를 찾아 절대 실패 없는 성공 창업을 그려보자.

## 동네 1등만 살아남는다

아무리 불황이라고 해도 여전히 장사가 잘 되는 가게는 존재한다. 코로나 팬데믹 상황에서도 줄을 서는 가게는 여전히 있다. 이런 가게를 운영하는 사람들은 대체 어떤 아이템을 선정하고 어떻게 장사를 하는 걸까?

사실 장사를 잘하는 방법은 누구나 알고 있다. 가장 대표적인 자영업인 식당을 예로 들어보자. 맛집의 공통점은 맛있는 음식을 저렴하고 푸짐하게 제공한다는 것이다. 또한, 광고보다는 입소문을 통해 고객이 끊임없이 방문한다. 하지만 누구나 알고 있는 그 방법이 말처럼 쉽지만은 않다. 좋은 재료를 싸게 가져와야 하고, 고정비를 낮추기 위해서는 임대료가 저렴한 상가를 구해야 하고, 가격 경쟁력을 위해 노력해야 할 게 너무나도 많다. 특히, 손님이 직접 찾아오는 가게가 되려면 특별한 서비스도 제공해야 한다. 고객에게 감동까지 주어야 입소문이 난다는 말이다. 그래서 요식업은 가장 많이 창업하는 분야이면서도 가장 망하기도 쉬운 업종이다.

그래서 요식업을 하고 싶다면 처음부터 매장을 오픈하지 말고 자신이 내고 싶은 비슷한 아이템을 취급하는 식당에 취업해서 한 달이라도 아르바이트를 해 보라고 권한다. 그러면 매장이 어떻게 운영되는지를 배우고 주로 어떤 고객들이 방문하는지를 파악할 수 있다. 또 식당에서 일하는 동선을 몸으로 익힌다면 오픈 초기에 겪는 시행착오를 많이 줄일 수 있다. 무엇보다 자신의 가게를 시작할 때 어떤 고객층이 있는 곳에 오픈해야 하는지 알 수 있을 것이다. 반드시 먼저 사장이 되려고 하지 말고 직원으로서 배우는 기간을 갖자. 그렇게 가장 기본적인 것들을 배운 후에는 자신만의 노하우를 만들어 집중하여 사업을 하자.

장인정신으로 대대손손 내려오는 기술도 없고, 특별한 조리법도 없는 평범한 퇴직자이거나 새로운 일을 찾는 주부 혹은 청년 창업을 꿈꾸는 사람이라면, 넓게 생각하지 말고 우리 동네 1등만 하려고 노력하자.

　동네 1등을 한다는 것은 단순히 매출 금액만을 이야기하는 게 아니다. 매출보다는 순수익이 높아야 한다. 주변에 있는 큰 가게들의 월 매출이 몇천만 원에서 억대 매출을 올린다고 해도 너무 부러워할 필요는 없다. 매출이 늘수록 인건비와 원가 역시 늘어나고 있기 때문이다. 결국 1억 원의 매출을 올려도 순수익은 1,000만 원 밖에 안 되는 경우가 많다.

　그러나 무인 창업은 매출이 늘면 늘수록 순수익이 정비례로 느는 구조이다. 온종일 일해서 버는 1,000만 원보다 여유 있게 자신의 시간을 쓰면서 한 달에 200만 원짜리 수익이 나는 5개의 매장을 관리하는 것이 동네 1등을 유지할 수 있는 전략이다. 그러니 남들과 경쟁하려고 스트레스 받으면서 힘들게 일하지 말고, 일과 삶의 균형을 찾으면서 진짜 경제적 시간적 자유를 갖는 동네 1등 사장이 되자.

　지금부터 동네에서 성공한 상위 1%의 사장처럼 스스로 생각하고 사업을 준비하자. 이 책을 읽고 나서 익숙한 동네 길을 걸어 보자. 지금까지 보았던 것들이 모두 다르게 보일 것이고 어떤 아이템을 해야 할지, 잘 되는 가게와 안 되는 가게가 보일 것이며, 동네에서 망하는 자리는 왜 망하는지 보일 것이다. 막연했던 두려움은 사라지고 자신감으로 가슴이 뛰기 시작할 것이다. 이제는 동네에서 1등 하는 프로 사장이 되어 새로운 도전을 시작해 보자.

### 여유가 있는 삶을 살자

최근 비대면 사업에 창업자들이 몰리며 배달 및 테이크아웃 전문점 그리고 무인 매장이 늘어나기 시작했다. 지속적으로 높아지는 인건비와 비대면 시대에 맞는 소자본 무인 창업은 누구나 귀가 솔깃할 창업 아이템이다. 더욱이 자꾸만 내려가는 금리와 비교해서 1억 원 남짓한 투자를 해서 하루에 2~4시간만 일하고 한 달에 150~200만 원의 소득을 벌 수 있다니 매력적일 수밖에 없다.

하지만 지금까지 이 책을 읽은 독자라면 무인 사업이라고 단순하게 매장 관리만 한다고 해서 안정적인 소득이 저절로 벌리지는 않음을 알고 있을 것이다. 창업을 준비하면서부터 아이템 선정과 입지는 물론이고 차별화된 운영 방법을 접목시키지 않는다면 투자금도 건지지 못하고 실패할 확률이 아주 높다. 매장에 사람이 없다고 해서 서비스까지 없어지면 안 되듯이 무인 매장에 적합한 홍보 방법과 서비스로 끊임없이 사람들을 불러 모아야 한다.

그리고 첫 번째 매장이 성공했다면 그에 안주하지 말고 그 다음 매장을 준비한다. 무인 창업은 여러 개의 매장을 동시에 운영할 수 있다는 장점이 있다. 만약 3개의 매장을 동시에 운영하고 있다면 매장 하나당 150~300만 원의 소득이 생긴다고 가정했을 때 모든 매장에서 나오는 소득은 450~900만 원이 된다. 부업이 아닌 본업으로 충실히 몰입해 적극적으로 매장을 관리하고 사업을 키운다면 그 이상의 소득도 충분히 가능하다.

이러한 무인 연쇄 창업 이론을 깨닫고 나면 당신의 사업뿐만 아니라 당신의 자산도 10배는 빠르게 늘어날 것이다. 무엇보다 온종일 일을 해야 하는 게 아니니 삶을 즐길 여유도 있다. 요즘 사람들은 돈을 많이 벌 수 있다고 해도 하루도 쉬지 않고 일하면서 가족과의 여가생활도 없이 오로지 일만 하는 삶을 원하지 않는다. 차라리 적당히 벌고 나만의 시간을 누리며 살고 싶어 한다. 죽을 때까지 먹고 살기 위해 일만하다가 삶이 끝나는 걸 아무도 원하지 않는다.

지금부터 무인 연쇄 창업이라는 시스템을 활용해 삶의 만족도를 올려 보자. 가족들과 시간을 보내고 여가를 즐기며 자신만의 시간을 누릴 수 있는 삶을 지금 바로 시작해 보자.


**관점을 바꾸면 인생이 바뀐다**

현재 40대인 나는 법인 회사 두 개를 운영하는 성공한 여성 CEO가 되었다. 물론 지금의 자리에 오기까지 무수한 일들을 겪어냈고 이루어냈다.

20대부터 억대 연봉을 벌기 시작하여 종자돈을 모았고, 투자에 관심이 생겨 지인을 통해 투자를 했는데, 첫 투자에 사기꾼을 만났다. 다행히 원금은 찾을 수 있었지만, 실패의 경험은 정말 쓰라렸다. 그리고 그 실패를 통해서 내가 얼마나 투자와 경제에 무지했는지 깨닫게 되었다. 그때부터 공부를 시작했다. 당시 수백여 권의 경제 관련 책을 읽기 시작하였다.

그때 인생을 바꾸어 주었던 책 중 하나가 바로《부자 아빠 가난한 아빠》이다. 이 책에서는 세상의 95%는 노동 소득을 벌고, 나머지 5%는 시스템 소득을 벌고 있다고 말한다. 시스템을 통해서 돈을 버는 방법은 바로 투자와 사업이다. 전 세계 95% 사람들은 전문직을 가지거나 탄탄한 회사에 취직하는 게 최고로 안정적인 소득이라고 생각하고 열심히 공부해서 좋은 직업을 가지면 안정적인 삶이 보장된다고 여긴다. 반면, 사업을 하면 위험이 크고 주식이나 투자는 마치 도박처럼 여긴다.

코로나 이전에는 주식을 하는 사람들이 전국에 10%로도 안 되었고, 아주 소수만 하던 투자였다. 그러나 지금은 20~70대까지 주식 이야기를 하지 않는 사람이 없을 정도로 주식이 일반적인 재테크가 되었다. 부동산도 마찬가지다. '영끌', '부린이', '갭투자' 등 전 국민이 부동산 투자에 관심이 쏠리고, 부동산 가치는 나날이 오르고 또 오르고 있다. 이처럼 시대가 변함에 따라 사람들의 생각도 달라진다. 코로나 팬데믹을 겪으며 대부분 사람은 '곧 좋아지겠지!' 하고 현실에 안주하는 모습을 보인다. 그러나 위기가 기회라고 생각하는 사업가는 집에 있는 시간이 늘어난 사람들의 불편한 점을 해소해 주는 창업 아이템 사업들을 빠른 속도로 성장시키고 있다. 남들이 다 아니라고 할 때가 기회인 것이다. 누군가는 발 빠르게 준비해서 위기를 기회로 바꾸고 누군가는 그대로 망한다.

나는 그때 읽었던 책 덕분에 노동소득과 사업소득 그리고 투자를 병행해서 20대에 대학교수가 되었고, 사업을 하게 되었으며, 그 이후 경영 컨설턴트로 활동할 수 있었다.

유명했던 안무가이자 무용수가 사업가가 되었던 건 바로 관점을 바꾸고 생각을 바꾼 것 하나 밖에 없다. 내가 여기까지 오는 데 했던 선택과 집중 그리고 이루어낸 성과를 이제는 많은 사람과 나누고 싶다.


### 5년 안에 100억 목표를 세우다

40세에 첫 아이 출산을 앞두고 육아 휴직을 하면서 모처럼 여유 있는 시간을 보냈다. 엄마가 된다는 두려움과 설렘이 있었고, 불편한 몸이지만 보람 있는 시간을 보내기 위해 노력한 결과, 인생에서 두 번째 전환점을 갖게 되었다. 쉬는 내내 운동도 하고 여가시간으로만 보내기에는 시간이 아까워서 그동안 못 봤던 책도 보았다. 동시에 부동산 경제 관련 공부를 시작하였고 카페에도 가입해서 정보도 얻으며 부지런히 시간을 보냈다.

그러면서 버킷리스트를 작성하였다. 5년 후 경제적, 시간적 자유를 누리는 성공한 자산가가 된다, 부모님께 집을 사드리고 용돈을 300만 원씩 드린다, 최고 경영자 과정을 공부한다, 120평대 한남동 2층집에 산다, 100명의 아이들을 후원한다 등 여러 가지 꿈을 꾸었다. 무엇보다 40대가 되면서 더 이상 남은 인생을 남의 회사를 성장시키는 데 낭비하고 싶지 않았다. 그래서 회사에 복귀하지 않겠다고 통보하고는 내 사업을 준비하기 시작했다.

5년이 지난 지금 나의 버킷리스트 중 70%가 이루어졌다. 정말 놀라운 결과이다. 그저 매달 생생하게 꿈꾸며 한 달에 한 번씩 쓰고 말하고 거울 앞에 붙여 두기만 했을 뿐인데 불가능할 것 같은 버킷리스트가 이렇게 많이 이루어진 것을 보니 가슴이 벅차다.

세상에는 방법을 알면 부자가 될 수 있는 기회가 아주 많다. 단지 원리를 생각하지 못하고 자신의 그릇이 작아서 이루지 못할 뿐이다. 코로나 전후로 삶이 아주 많이 바뀌고 있다. 앞으로 무인 창업은 우리에게 경제적, 시간적 자유를 주는 새로운 대안으로 떠오를 것이다. 보이지 않는 창틀에 갇혀서 온종일 일만 해야 하는 자영업의 굴

레에 더는 갇혀 있을 필요가 없다. 지금 이 책이 독자들의 인생에 새로운 기회가 되어 편안하고 풍족하고 여유로운 삶을 누릴 수 있는 시작점이 되기를 진심으로 바란다.

**10평 작은 공간에서 이루는**

# 기적의
# 경제적 자유

초판 1쇄 인쇄 2022년 4월 18일
초판 1쇄 발행 2022년 4월 22일

지은이 │ 신선아
펴낸이 │ 박수길
펴낸곳 │ (주)도서출판 미래지식
디자인 │ 프리즘씨

주소 │ 경기도 고양시 덕양구 통일로 140 삼송테크노밸리 A동 3층 333호
전화 │ 02)389-0152
팩스 │ 02)389-0156
홈페이지 │ www.miraejisig.co.kr
전자우편 │ miraejisig@naver.com
등록번호 │ 제 2018-000205호

ISBN 979-11-91349-43-6  03320

미래지식은 좋은 원고와 책에 관한 빛나는 아이디어를 기다립니다.
이메일(miraejisig@naver.com)로 간단한 개요와 연락처 등을 보내주시면
정성으로 고견을 참고하겠습니다. 많은 응모바랍니다.